ZEN、
集中、
マインドフルネス

大竹稽
KEI OTAKE

CROSSMEDIA PUBLISHING

現代ほど、私たちが集中できない時代はないでしょう。

目次

第2章 「禅・集中」の基本的な実践方法

目次

第3章 マインドフルネス——集中力を養う現代的アプローチ

第4章 マインドフルネスの実践方法

第5章 禅とマインドフルネスの相互作用

第6章 日常に禅とマインドフルネスを取り入れる

第9章 ストレスとリラクゼーション

はじめに

日々の仕事に追われ、ただでさえ忙しい。

社会情勢は急激に変化し、いつも頭のどこかに将来への不安がよぎります。

集中して仕事を片づけたいのだけれども、なかなか思うように仕事ははかどらない。

あるいは、そもそも集中力の精度が低いのか、近ごろ集中できたためしがまったくない。そんな悩みを抱えているビジネスパーソンの方はきっと多いことと存じます。

そして、集中力がないゆえにフラストレーションが募る気持ちもお察しします。


クリエイティブな仕事をしている方であれば、集中できないと、なかなかいいアイデアが浮かばなかったり、アイデアを形にできなかったりします。

数字を扱う仕事であれば、集中できないために、大きなミスを招いてしまうかもしれません。

営業職や接客業の方であれば、対人コミュニケーションがままならず、生産性のない会話をして成績を落としてしまうこともあるでしょう。

仕事に限らず、普段の日常でも、集中力が欠けているなと思う機会もあることでしょう。

調べ物をしようとパソコンを立ち上げたら、ネットサーフィンが止まらない。バナー広告や「あなたへのオススメ」が目につきます。液晶画面の向こうから、私たちの可処分時間を奪おうと誘惑する仕掛けに辟易しています。

LINEの返信をしようとスマホを開けば、膨大な量の情報が否応なしに目に飛び込んできます。自分に何の関係もないニュースや情報でも、ついクリックしていたり。紅茶を淹れてリラックスしている最中にも、スマートウォッチからはピコン！と通知音。休まる暇もありません。

集中したくてもできない。集中できないために仕事が増えていく。そして、集中できない自分を責めてしまう。

そんな悩みを抱えているのは、あなただけではありません。デジタル時代を生きている私たち、みんなが悩んでいる問題です。

私たちは機械ではありませんから、人間たるもの集中できないのは当然のことです。悲観することはありません。

ここ数年はリモートワークが普及し、自宅と職場の境界が薄まってきました。本来、最もゆっくりできる場所にも仕事が侵食し、家でのんびりしていても休まらない、そんな読者の方も多いのではないでしょうか。

集中力が欠如した状態は、さまざまな弊害を生みます。

集中できないと、パフォーマンスが下がり、思うように仕事がはかどらなくなります。

仕事がはかどらないと、ストレスが溜まり、さらに疲弊します。

こうして、私たちは集中力の低下を嘆きながら、負のスパイラルに足を踏み入れていきます。

書店に行けば、目立つ棚に、「集中力の高め方を伝授します！」と謳う本がずらりと並んでいます。いかに私たちが集中できないことに悩まされているかがよくわかります。

私は本書執筆の前準備として、それらの「集中力本」を読み漁りました。そしてわかったのが、一時のみ集中力を高めるテクニックや解決策、あるいは、著者の経験談だけが根拠の、万人に当てはまるわけではないものだということです。もちろん、人により相性もあるでしょうが、私は、一時的に効果があるわけではなく、半永久的に使える集中法こそみなさんに知っていただきたい。そう思っています。

当たり前ですが、集中力は一朝一夕で鍛えられ、高められるものではありません。一定程度の時間を要するのが普通です。この機会に、今ある心の態度を修正し、集中力を身につければ、一生もののスキルになると信じています。

本書では、禅とマインドフルネスを横断して、そのエッセンスと具体的な実践法をご紹介します。

今までの「集中力本」とは一線を画す、類書のない書籍に仕上がっていると自負しております。

禅とマインドフルネス

みなさんは禅、そしてマインドフルネスについて、どのくらいご存じでしょうか。坐禅やボディスキャン（本書でご紹介します）を日常的に行っている人もいれば、なんとなく知っているけれど、人に説明できるほどは知らない、という人もいるでしょう。

禅は、日本に伝統的に根付く精神文化です。禅の哲学は、私たち日本人に親和性が高く、心の平静と集中を導いてくれます。かくいう私も、禅宗の和尚に師事し、禅を通して集中する術を学んだ一人です。

マインドフルネスは、「今」に意識を向ける科学的プログラムのことを言います。マインドフルネス研究の権威である、ジョン・カバット・ジン博士は「意図的に、今この瞬間に、判断せずに、注意を払うこと」と定義しています。臨床医療でも活用されており、私たちの精神の健康に多大な効果を与えるものです。

本書では、最新のマインドフルネス研究やマインドフルネスプログラムで実際に用いられているレッスンをわかりやすくお伝えしたいと思います。

本書は次の構成で展開しています。

第1章では、古典的な禅の用語や哲学について解説し、第2章で、禅の具体的な実践方法についてお話しします。

第3章では、マインドフルネスの基本的な知識を説明し、第4章で「座る」「食べる」「歩く」「寝る」といった日常生活に活用できるマインドフルネス活用法をご紹介します。

第5章では、禅とマインドフルネスの共通点や差異に着目し、両者の相互作用はいかなるものかを分析し、第6章で、禅とマインドフルネスを組み合わせた、今日から始められる簡単な実践方法を伝授します。

第7章では、禅とマインドフルネスに基づくスケジューリングやタイムマネジメントの方法を解説します。

そして、第8章では、困難な状況での集中力の保ち方についてお伝えし、最終章では、ストレスとの向き合い方やリラクゼーションの実践スタイルについて、ご紹介します。

では、肩の力を抜いて、リラックスして、楽しくお付き合いください。
それでは、みなさん。
Bonne lecture!

序章

日常的な集中から没入へ

禅とマインドフルネスの共通点

名だたる経営者がその教えに心を傾け、ブームになっている禅。そして、生産性の向上などビジネスの世界でのメリットに注目が集まっているマインドフルネス。

どちらも、瞑想という共通点、そして、「心の雑念や感情の波を静め、感覚や感情や思考にとらわれることなく現在の瞬間に集中すること目指している」という共通点がありますが、この本では、タイトルを読んでおわかりの通り、禅だけでなく、マインドフルネスだけでもなく、2つを共に取り上げていきます。

そこで、どちらのエッセンスも大事であると私が考える理由について、最初に少しだけお話ししたいと思います。

詳しい説明はのちほどしますが、禅とは、端的に言うと、心の余計な動きを取り除き、無の境地を追求するものです。一方、マインドフルネスは、今ここ、現在の瞬間だけに集中する精神状態を意識的につくる実践です。

禅を通して心をクリアにすることによって、さまざまな判断をするのに役立ちます。仕事の始業前にマインドフルネス瞑想をすることによって、その日一日の仕事のパフォーマンスを上げることができます。

そして、これら2つの瞑想を日常に取り入れることで、集中力が「安定的」に向上します。

つまり、「安定的」に日常の中に取り入れ、「安定的」に日常生活で集中を高めるために、禅だけでなく、マインドフルネスだけでもなく、両方を活用する必要があると考えているわけです。

さらにもう一つ。

先ほど、禅とマインドフルネスの共通点を挙げましたが、禅とマインドフルネスは、東洋と西洋の伝統的な瞑想法に起源を持ちます。両者とも、現在の瞬間に完全に集中し、心の動きや外部の刺激に振り回されず、心を静かに保つ技法を教えています。この状態を達成すると、没入という経験が生まれることがあります。

没入とは何か

それは、特定の活動に集中しているときに自分の存在感や時間感覚が失われる体験を指します。この没入の状態では、個人の意識はその活動に完全に吸収され、外部の干渉や気が散ることがほとんどなくなります。心の中には平静が広がり、活動への関与が深まることで、高いパフォーマンスや創造力を引き出すことが可能となります。伝統工芸の職人さんや凄腕のプログラマーをイメージしていただくとわかりやすいかもしれません。

現代では、どうしても他者の存在や、取り巻く環境が目にも思考にも入ってきてしまいますよね。テクノロジーの発達によって便利なことが増え、生活するうえでの選択肢も増え、世の中的に自由度も増しています。その一方で、私たちの精神は振り回され、落ち着くことがなく、自由である反面不安定でもあります。

ぜひ、今日一日を振り返ってみてください。

何かに没入して、身体の感覚を解放させた時間があったでしょうか？　例えば、通勤などの移動中。流れる景色だけを見つめ、その景色に赴くままの心を保ち、電車が動くスピードを感じ、身体の揺れを感じ……そういった感覚だけに専念するような時間です。

電車に乗りながら、スマホでニュースや動画を見たり、仕事のメールチェックをしたり、音楽を聴いたりしていないかったでしょうか？

コーヒーを流れ作業で淹れながら、この後の予定で頭がいっぱいになっていなかったでしょうか？

ごはんを作りながら動画を見たりラジオを聴いたりしていなかったでしょうか？

掃除をしながら「めんどくさい」「早く終わらせよう」と考えたりしていなかったでしょうか？

このように振り返っていくと、何にもとらわれることなく一つのことに集中し、没入することを、無意識のうちに実現するのは今の時代ではとても難しいとわかります。

これから第1～4章で、禅とマインドフルネス、それぞれの基本となる知識と実践方法をお伝えしていきますが、まずは、その知識と照らし合わせて、今振り返ったように、自身は現在どういう状態であるかを考えてみてください。禅の視点で自分はどんな状態にあるのか、マインドフルネスの視点ではどんな状態かを考える。それがスタートラインです。

今の自分に気づく

どのような行動にも生産性と効率が求められるようになりました。しかし、決して道草を許さないような、合理だけで埋め尽くされた会社、息がつまりますよね？　それは身体からのサインなのです。

「合理」に支配されない時間を、僅かでも一日の中で持ってみましょう。「成果」や「目的」を意識しない時間を持つのです。そこで初めて、「集中しなければ」と躍起になるのではなく、「自由に集中する自分」が認められるでしょう。

確かに、「目的を持って仕事をする」のも「価値ある仕事をする」のも重要です。しかし、それは、あなたの集中力を萎縮させることにもなります。「目的」「価値」によって意識が動かなくなってしまうと、過度なストレスにさらされるでしょう。たまには、「自分らしさ」「キャリア」「同期」「コストパフォーマンス」などを意識しないままに仕事に集中してみませんか？ 「成果」「評価」がモチベーションになることもありますが、それがストレスや束縛になることもあることに多くの人が気づいていることと思います。

非効率を排除した現代社会では、時間もまた「自分の所有物」と思い込んでいる人も多いでしょう。しかしそれが、集中を阻むことになっているのに気づいているでしょうか？

効率を優先して自由を失った現代人は、合理的に働き合理的に稼ぎ合理的に遊びます。「タイムパフォーマンス」という言葉が象徴するように、あらゆる行動が時間によって計られ、値踏みされていきます。私たちが生きるストレス社会は、「所有欲」によってあらゆるものが商品化される社会です。

物だけでなく時間も、そして時間だけでなく心も商品化の種になっていきます。支え合いすら商品化し、一人一人を徹底的に切り離して消費者にしていきます。

しかし、こうして今ここでいくら私が「現代はこういう世の中で、こんなことが集中を阻んでいる」とお話ししたところで、読者のみなさんがすぐに集中を手に入れられるわけはないですよね。

必死で歩みを止めずに動いているみなさんに、「止まれ！」と言ったところで止まれるわけがない。なぜなら、必死で歩みを進めていること自体にあなたは気づいていないからです。何がどう止まれなのか、わからないですよね。

これから少しずつご自身で、集中に向かって「気づいて」いくために、本書があります。

まずは、自分のさまざまな状態、状況に「気づく」ことです。

この本では、坐禅やマインドフルネスの瞑想の実践方法もご紹介していきますが、いきなり瞑想から始めて、集中力を上げようと思ってもすぐにできるということはありません。「できるわけがない」のです。

なぜなら、人間の思考は、あっちこっちにいくようにできているからです。現代人は昔以上にそうです。

ですが、瞑想を始めることによって、「自分の心があっちこっちにいっている」「一か所にとどまることができないんだ」ということに「気づく」はずです。この「気づく」ことが、集中には欠かせないことを念頭において、この先本書を読み進めていただけたらと思います。

第1章

身の回りにある禅の視点

禅語

これから、禅についての基本の知識をお伝えするとともに、「集中」を解釈するために必要となるエッセンスをご紹介したいと思います。

禅には、教えを伝えるときに使う特別な言葉、禅語というものがあるのをご存じでしょうか？

例えば「日日是好日」（毎日が無事でいい日であるという意味）など。

ほかにも、私たちの生活の中で日常的に使う「玄関」という言葉も禅語です。寺院の出入り口のことなどを、「奥深い仏道への入口」という意味を込めて「玄関」と呼ぶようになったのが由来で、「いったん立ち止まって、自分自身を見つめ、呼吸を整えましょう」というものです。現代とは意味合いが違っていますが、「靴を揃える」という行為が「いったん立ち止まる」や「呼吸を整える」に通じるものがあるのではないでしょうか。

「挨拶」も禅語です。「挨」は「押し開く」、「拶」は「迫る」という意味があります。師匠が、弟子の悟りの深浅を推し量るために問題を出し、弟子は師匠の問題に応える。このような問答を「挨拶」と呼んでいました。

師匠からの何気ない質問に対し、弟子はその質問の真意がどこにあるのかを考えて答えます。言外の想いなどをお互い感じ合うのです。

現代における普段の挨拶でも、例えば声の調子などによって相手の状態を知ることができますよね。いつもより声が小さかったりすると「今日は元気がないのかな」と察します。挨拶をするだけで察する、自然と伝わるものがある。これも、意味は変わっているものの、禅の教えから通じている熟語だといえます。

長い年月を経て意味だけでなく、読み方も現代とは違っている禅語もあります。「安心」は「アンジン」、「自然」は「ジネン」、「生死」は「ショウジ」と読みます。これらについては、のちほど説明をしたいと思います。

無心になる

さて、もっともよく説かれる禅の教えに「無」があります。必然的に禅語にも、「無我」「無事」「無碍」など、「無」を冠する言葉がたくさんあります。その一つ、「無心」についてお話ししたいと思います。

先に述べておくと、「集中力を高める」ことが大きなテーマであるこの本では、一般的にいわれる「集中」を、この後「無心」として考えていきます。その理由を今から禅の教えを通して説明します。

次は、江戸時代のはじめに、剣豪に宛てられた書です。

「剣道の極意は、頭の先から足の先まで、前進のどこにも心をおかぬ、無心の工夫である。相手の手に心をおけば、自分の足をとられる。相手の足に心をおけば、自分の手をとられる。［……］どこにも心をおかぬといっても、単なる無意識のことではなき。どこから打ってきても、すぐにうけとめることのできる力が前進にみなぎっている。

無心である」

これは、臨済宗の禅僧、沢庵宗彭和尚が、古今無双とうたわれた将軍家指南役の柳生宗矩に向けて伝えた教訓として有名な書『不動智神妙録』に記されている一部です。

命がけの戦場では、集中しないではいられないと思ってしまいますが、それでも人は油断をしてしまいます。油断とは注意を怠ること、まさに集中を欠いた状態です。生死を前にしたとき、集中を欠かないために、侍たちは無心にならざるを得ない。この根本を示す教えが禅であり、窮地における剣と禅は共通するものがあるという理論を説いたのが、沢庵和尚でした。

こうして、然るべくして、象徴する言葉が生まれました。「剣禅一如」です。「生死の現場に身を置くことで、生死を超越した境地に至る。この点で、剣と禅は相通じるものである」ことを意味します。

さらに、幕末から明治にかけて、日本は剣豪たちが大活躍しました。その中に、三舟と呼ばれ、いずれも禅に精通した名物がいます。高橋泥舟、山岡鉄舟、そして勝海舟です。勝海舟の語録に『氷川清話』があります。

「一たび勝たんとするに急なる、忽ち頭熱し、胸跳り、措置かへって顛倒し、進退度を失するの患を免れることは出来ない。もし或は遁れて防禦の地位に立たんと欲す、忽ち退縮の気を生じ来りて相手に乗ぜられる。おれはこの人間精神上の作用を悟了して、いつもまづ勝敗の念を度外に置き、虚心坦懐、事変に処した。それで小にしては刺客、乱暴人の厄を免れ、大にして瓦解前後の難局に処して、綽々として余地を有った。これ○○、剣術と禅学の二道より得来った賜であった」

ここでは「無心」が「虚心坦懐」と言い換えられています。「どうしても勝ちたい」「生き残りたい」「負けるかもしれない」「死んでしまうかもしれない」と思う心を無くすからこそ、事の変化、つまり自分を殺そうと繰り出されてくる数々の刃に対し、自由自在に応じられたのです。禅が伝える「無心」は、状況の変化に左右されることなく対応する集中を意味します。

これぞ、「剣禅一如」の精神です。

しばしばビジネスシーンでも使われますが、注意点がひとつ。「剣禅一如」は、ライバルに勝つための秘策ではありません。「勝つために死ぬ気で頑張れ」と部下たちを追い込む方便にもなりません。ビジネスパーソンを締めつけるさまざまな邪念から自らを解き放ち、イキイキと働くための心構えなのです。刀は人を殺すだけでなく、人を活かすものにもなる。御存じ、「活人剣」ですね。これが「剣禅一如」の真意です。

死生観から導かれる集中

禅における「無心」について、別の視点からもう少しお話ししたいと思います。

剣豪ほど即座に結びつかないのですが、文豪たちもまた禅に精通していました。夏目漱石はその筆頭でしょう。そして、日本を代表する歌人である正岡子規も一人の禅者でした。

子規は21歳で喀血し、その後急逝するまで、病苦との闘いが続きました。享年、34歳でした。そんな子規のエピソードがあります。

闘病生活をありのままに描いた名著があります。『病牀六尺』です。これから引用する一節は、現代の禅僧たちもしばしば活用するものです。

「余は今まで禅宗のいはゆる悟りといふ事を誤解して居た。悟りといふ事は如何なる場合にも平気で死ぬる事かと思つて居たのは間違ひで、悟りといふ事は如何なる場合にも平気で生きて居る事であった」

この一節の特徴的な部分は、「平気で生きて」のところでしょう。「平気」とはどんな意味でしょうか？

辞書を引けば、「物事に動じない」とあります。とはいえ子規は、こんな姿を晒してもいます。

「病床に寝て、身動きのできる間は、敢て病気を辛しとも思はず、平気で寝転んで居つたが、この頃のやうに、身動きが出来なくなつては、精神の煩悶を起して、殆ど毎日気違のやうな苦しみをする。この苦しみを受けまいと思ふて、色々に工夫して、あるいは動かぬ体を無理に動かして見る。いよいよ煩悶する。頭がムシヤムシヤとなる。もはやたまらんので、こらへにこらへた袋の緒は切れて、遂に破裂する。もうかうなると駄目である。絶叫。号泣。ますます絶叫する、ますます号泣する。その苦しみ、その痛み何とも掲揚することは出来ない。むしろ真の狂人となつてしまへば楽であらうと思ふけれどそれも出来ぬ。もし死ぬることが出来ればそれは何よりも望むところである、しかし死ぬることも出来ねば殺してくれるものもない」

健康ならば、痛みや苦しみから離れていられるのですから、「物事に動ぜず」に暮らすこともできるでしょう。しかし、病床の子規に、「健康であれば」のような都合がまかり通るわけはありません。

彼は、苦しみ、泣き、怒ります。そしてそれをそのまま、書き記しました。ここに、「無心」の心が見えてきます。

彼は、自分の苦しみにも絶望にも評価をしません。「絶望してはダメ」と自分にプレッシャーをかけません。そして、自分自身の病気ではない他の状態や、他人の状態と比較もしません。「なぜ病気になったのが自分なのか」「あの人の人生がよかった」などと羨みもしません。こうして、死ぬことを切望しながらも、死ぬまで生き切ります。これが「平気で生きる」、言い換えれば「無心で生きる」姿の真骨頂にほかなりません。

至道無難という江戸時代のはじめに活躍した名僧がいます。彼はこんな道歌を詠んでいます。

「生きながら　死人となりて　なりはてて　思いのままに　するわざぞよき」

ここで無難和尚が表す「思いのまま」とは、いわゆる「自由」のことです。しかし、禅が伝授するところの「自由」とは、現代的な「自由」とは一味も二味も違います。「一切の作為を捨てて自然のままに生きる」というような意味合いを持っています。

さらに、「生きながら死人となる」とは、自分のエゴを無にすること。まさに「無心」となること、これが、禅の「自由」の肝心かなめです。

禅僧たちは、「一度死んだ人間」になるからこそ、平然と自由に生き切ることができるのです。

無論、本当に一度死んでみることはできません。ゾンビになってしまいます。いうならば、死を覚悟して、日々を生きるということです。これが禅の死生観であり、禅の哲学的側面といえるでしょう。

妄想するなかれ

ここまで、剣豪と文豪による、死に直面したときの「無心」についてお話ししましたが、もちろん「無心」は生死の場に限るものではありません。現代であれば、「無心」の会得を目指して、実に多くのプロスポーツ選手が、「勝つことだけに集中するため」「自身の成長だけに集中して練習にはげむため」に、日常に禅を取り入れています。禅寺で坐禅の合宿をする選手も少なくありません。

変化と情報が多い今の時代では、俗念、雑念、邪心を無くして前だけを見る＝「集中する」ことがどれだけ難しいことか。読者のみなさんも実感しているはずです。

科学技術の発展は、私たちの生活をラクにしました。一方でこの便利な環境は、私たちにとって、本来的で健やかなペースを乱す元凶にもなっています。情報伝達や移動のスピードは、同時に生活環境の変化のスピードでもあります。そして速さを増し続けるこのスピードが、私たちの生活や文化にプレッシャーをかけてきています。気づかぬ間に判断や理解が情報によって左右され、個性を喪失していき、私たちは常に正体のわからない不安を抱えてしまうようになりました。

このような流れがあって、現代の「ストレス社会」が誕生し、私たちの誰もが、このストレスに束縛、圧迫されるようになりました。

禅は、本来、このような心の状態を救うことを目的としたものではないですが、「無心」という教えは、結果として、現代人の生き方や心のあり方を見直す手がかりになっています。

「莫妄想」という禅語があります。この言葉の真意は、樹木希林さんのエピソードからお話ししましょう。

ある映画の舞台挨拶の場で、希林さんは、一人のファンから質問されました。
「人生を楽しむ秘訣は何ですか?」
希林さんはこのように答えました。
「他人と比較しない事、世間と比較しない事」

「莫妄想」とは、「妄想するなかれ」と読み下します。他人や世間との比較によって生まれる妄想は、私たちの心を見出してきます。しかし、皮肉にも乱れることで私たちは「心」なるものを実感します。それは、仕事にも通じる理です。

無心に仕事ができればいいのですが、どうしても私たちは、他人の成績や、世間の評価に目も心も奪われてしまいます。そのため、仕事が雑になったり、空回りしてしまったり、失敗したりしてしまいます。しかし、そんな失敗をするからこそ、「いかに集中するか」が問われるのです。

「集中」を要とすることには、大きな意味があります。それは仕事の結果ではなく、才能の有無でもなく、誰にでも可能な行動だからです。そして、「いかに集中するか」の答えもまた、誰にでもできるものなのです。それが「無心」です。

「無心」すなわち「無我」すなわち「素直さ」

剣豪や文豪、それに大悟した名僧たちに登場してもらい、「無心」についてご紹介してきました。しかし、彼らのような境地には、到底到達し得ないと多くの人は思うかもしれません。もう少し、身近なところの模範を探してみましょう。

3つの手掛かりを用意しました。「職人」「子ども」「豆腐」です。

職人、子ども、豆腐

以前、アイウェア事業を展開している『J!NS』が、集中度計測アプリを使って、眼鏡職人の作業中の集中力を計測・可視化したという興味深い記事が出ていました。

中堅職人Aさんとベテラン職人Bさん、キャリアの異なる2人の職人の「アタマ」「ココロ」「カラダ」の3つのパラメーターを計測。実験中は、意図的に集中力が阻害されるノイズ（会話や音）などを発生させました。その結果、両者の間でもっとも大きな差が現われたのは「ココロ（リラックス）」のスコアだったということです。

ベテラン職人Bさんは、終始リラックス状態を保ちながら集中していたのに対し、中堅職人Aさんは、「アタマ（没頭）」の数値は総じて高いものの、「ココロ（リラックス）」の数値が不安定な状態にありました。

ベテラン職人のBさんは、「常にリラックスしながらも没頭する」という質の高い集中を自らコントロールしていることがデータからわかったのです。

「早く終わらせよう」「かっこよく見せよう」、これらは雑念と呼ばれるものですが、なかなか無くすのが難しいのです。特に、現代のように、まわりの目が厳しく、人の意見や考えが耳に入りやすい世の中であればなおさらです。

だからこそ、職人さんや武道家たちは、何年も何年も修行をし、同じことを繰り返し、徹底的に型を身につけていくのです。

武道の達人が、窮地においても身体や心を硬直させることなくリラックスし、変化に柔軟に対応できる姿勢をしていることとも遠からず、ですね。

私の友人の職人や武道家は、この集中の状態を「無我」と表現しています。

さらに私たちにとって身近な存在がいます。子どもです。

子どもたちは無心に遊びます。そして、この子どもたちの心、つまり「童心」を禅僧たちはとても大切にしています。

もしかしたら、読者の中には、子どもが嫌いな方もいるかもしれません。しかし、そんなあなたにも当然、子どもだった頃があり、無心に遊んでいた時期があるのです。

例えば赤ちゃんとコミュニケーションを取るときに、意識などしないまま赤ちゃん言葉を使って優しく話しかけたりしますよね。すでに子どもではなくなってしまった私たちにも、このようにしっかりと「童心」は残っているのです。

こうした赤ちゃんたちとのコミュニケーションは、私たちの自我を溶解してくれます。彼らに対して、名誉とか意味とか理想など通用しません。かっこつけても仕方がないのです。

最後は「豆腐」です。

豆腐は、そのまま冷ややっこで食べられる一方で、煮てもよし、焼いてもよし、揚げてもよし。多くの料理の一部にもなります。

味がないようで味があり、四季折々いつでも使われ、家庭料理にも高価なご馳走にも使われ、老若男女に食べられています。

何にでも適合してしまう豆腐。

もし豆腐に、「私は豆腐である」という意識があったとしましょう。さらに「自分は希少価値の高い豆腐である」なんて意識があったら？　「私らしく調理されなければならない」「私のベストの使い方はかくあるべし」、こういうふうに思うかもしれません。この意識こそが自我と呼ばれるものです。自我は状況に合わせて、自らの姿を変えることを拒みます。

「ワガママ」を言ったり「無駄な自己主張」をしていませんか？　見直してみましょう。我を張っていると、自ずと自分の置かれている状況や周囲が変化していくことを恐れるようになり、現状維持に固執するようになります。そしてこの恐怖や不安が過度なストレスとなってしまうのです。

豆腐のように柔らかい人間は素直なのです。そして「無心」とは、素直さとも言い換えられます。

「素直さ」を手掛かりにしてみましょう。集中ができていない時、「今、自分は素直だろうか？」と自問自答してみましょう。集中に一歩近づけるはずです。

日常の無心

次の第2章では、いよいよ禅の実践がテーマになりますが、ここまでの説明ですでに、禅は極めて難しいことのように感じている方はいらっしゃいませんでしょうか？

実践に移る前に一つお伝えしておきたいのが、禅が教えることは、「達人になる」ためのものではないということです。現代において禅がここまで求められるようになったのは、心身の才能にかかわらず、極めてシンプルで、誰にでも可能な実践だからなのです。

禅の実践には、坐禅と禅問答という大きく2つの柱がありますが、正岡子規は、「読書する事、労働する事、昼寐する事、酒を飲む事」も禅であると断言しています。坐禅をしている時だけ、あるいは師匠に対面している時だけかっこつけても、私たちの本性は暴かれてしまいますし、そんな時だけ都合よく無心にはなれません。

仕事をしている時だけでなく、食事、昼寝、掃除をしているときの心構え、トイレでの作法の積み重ねが、いざという時に「無心」を発揮させるのです。

「無心」は、いきなりなれるものではありません。宣言して翌日になれるようなものでもありません。「無心コンクール」のようなものがあったとしても、本番だけ演じられるものではありませんし、本番に備えて一週間特訓してどうにかなるものでもありません。

「無心」は、私たちの日々の姿が出てしまうのです。いかに本番が大事だとはいえ、本番の決め手になるのは非本番、つまり日常なのです。

これを禅では、「日常底」と表現します。だから禅僧は、「作務（禅寺で僧が掃除などの労務を行うこと）」を重視します。彼らは、坐禅と禅問答を作務においても続けているのです。日常の生活に意味とか無意味とか、今流行りの「映え」などありません。

食事の姿勢一つに「集中する姿」はハッキリと現れるのです。キラキラしていない粗末な食事だろうが、一杯百円のソバだろうが、高級フルコースだろうが、ファストフードだろうが、変わらずに、無心に丁寧に食べられます。

勝海舟や名僧たちの姿は、確かに見事です。感心してしまいます。しかし、決して超人的なものではありません。私たちも心掛け次第で、彼らに近づいていけるのです。

第2章

「禅・集中」の基本的な実践方法

坐禅に適した環境

ここからは、「禅・集中」を日常に取り入れるための実践方法をご紹介していきます。まずは、禅の基本である「坐禅」を生活の一部に取り入れるための、具体的な作法をお伝えします。

すでに各地で開かれている「坐禅会」に参加されている方もおられるかもしれません。

中には、「坐禅会」という言葉が示すように、坐禅とはお寺に行ってするもの、と考えている方もいるでしょう。でも、そのような「坐禅会」のイメージは、非日常的であるはず。もちろん、非日常的な坐禅会でも、坐禅に触れるきっかけにはなります。そして作法を学ぶきっかけにもなるでしょう。しかし、非日常を非日常のままにしていては、坐禅の要目を見誤ってしまうことになります。

大事なことは、坐禅会という非日常を、日常にすることです。

日常にできなければいつまで経っても、「禅が伝授する集中」は心もとないままになります。

「日常にする」上での3つのポイントを挙げておきましょう。

❶空間を整える
❷時間を整える
❸身体を整える

いきなり「悟り」や「無心」を目標にすることは無理難題になってしまいますが、「整える」は誰にでも、心がけさえすればできることです（ちなみに禅では「整える」を「調える」と書きます）。

その中でも、❶「空間」、❷「時間」を整えることは、よく言われていることです。❶「空間を整える」は、いわゆる整理整頓。仕事場（机）の整理整頓は言わずもがな。玄関や台所（冷蔵庫）や寝室、トイレ……。しまえるものが出しっ放しになっていませんか？　スリッパや靴がバラバラに乱れていないですか？「アレが必要！」となった時に「あれ？　アレはどこだっけ？」となる状態は、集中するにあたり最大の障害の一つになります。

❷「時間を整える」は、すでにカウンセラーや医師たちからたくさんの助言が出されています。「立ち止まる時間」「休憩」「余暇」など、スケジュールに適度な余白を作るように意識することが大切です。もちろん、仕事じゃなければいいんだ、とばかりに趣味で埋め尽くすこともノーグッドです。

さて、❸「身体を整える」ですが、「集中力」は「身体」を抜きには語れません。身体があるから私たちは疲れるし、飽きもします。私たちは機械ではありませんから、疲労も退屈も当然経験します。しかし他方で、私たちは身体的な存在だからこそ、「集中」できるのです。だからこそ、「集中力」をモノにしたいのなら、自分の身体について知らなければならない。念のためにつけ足しますが、知るべきは「自分の身体」であって、生物学的な身体ではありません。

第1章で、勝海舟や正岡子規らを手掛かりにお話ししたように、身体はいかにも不自由なものです。

首も手も足も、あらゆるところに限界がありますし、どこもかしこも、しかるべきところにしか動けません。「身体を整える」とは、この限界に素直になること「身体に素直であること」とも言い換えられます。

自分に最適な「集中」は身体が教えてくれます。「身体を意識する」のではなく「身体に素直になる」ことが重要です。歩行の動作を意識した途端に、動きがぎこちなくなる。これが意識の作用。ぎこちなくなるのは、頭脳を身体に優先させてしまっているからです。

身体に素直になることは、身体を頭脳に優先させること。かっこつけようとせず、切り取られた型ではなく、形に沿うことなのです。

言葉にすると難しく感じるかもしれませんが、実践あるのみです。今、あなたの座る姿勢、あなたの歩く姿勢はどうですか？　そういった普段からよくする動作から見つめ直してみましょう。気づくことがあったら、適宜修正していけばいいのです。

坐禅の実践方法

坐禅の作法はさまざまありますが、私が和尚たちから習った内容を一例としてご紹介します。

坐禅では3つのものを調えます。

❶「調身（ちょうしん）」身体を調える
❷「調息（ちょうそく）」呼吸を調える
❸「調心（ちょうしん）」無心になろうとしないです。

まず始めに、身体、姿勢を調えていきましょう。

座布団を2つに折って坐ります。その際、靴下や時計など、身を縛るものは外しておきましょう。座布団に坐る理由は、腰骨を立てて重心をまっすぐに保ちやすくするためです。

坐る姿勢としては、結跏趺坐や半跏趺坐が推奨されます（足が悪い人や慣れないうちは、正座や椅子坐禅でもＯＫです）。

結跏趺坐は、両足を反対の腿の上に乗せる足の組み方です。半跏趺坐は、字の通り、半分（片方）の足だけ、反対の足の腿の上に乗せる組み方です。

このとき、床に接しているのはおしりと両ひざの3点のみ。天井から頭を紐で引き上げられているイメージで座ってみましょう。

さて、両手は印を結びますが、この印は道場によってさまざまに変化します。主に、親指の先端同士が軽く触れるようにして両手で楕円を作る法界定印で指導されます。

両目は閉じずに、半眼が推奨されます。目を閉じるといろいろな妄想が膨らみやすくなります。半眼は、半分は外の世界をありのまま見て、半分は自分の心を見る意味があります。

調身姿勢ができましたら、呼吸に集中します。「息を調える」、「調息」です。

口を閉じて、鼻で腹式呼吸を繰り返しましょう。

「吸って吐く」のように、一般人はまず「吸う」から始めてしまいますが、坐禅では

「吐く」から始め、「吐く」に集中します。ゆっくり長く、息を吐いてみましょう。慣れないうちは、1、2、3、4、5、6、7、8と心の中で数えてもいいでしょう。自分に合う一定の呼吸のリズムを見つけましょう。

「調身・調息」ときて、最後が「調心」です。決して「無心になろう」としないでください。お金や美しい人やご馳走が心に浮かんできてしまっても、それらを追いかけなければいいのです。意識と対峙せず、放っておいてください。禅では、「ありのまま」が大切であることを忘れないでください。過去や未来のこと、自分ではない他人のことは追いかけません。

「調心」のために、「数息観」を伝授されることもあるでしょう。一回の呼吸を「1」として、「吐く」度に「ひとつ、ふたつ、みっつ」と心の中で数えていきます。そして「10」まで数えたら、また「1」に戻ります。

さて、慣れてくるとこの「数息観」に頼らずとも調心ができるようになります。「数息観」は方便です。数もまた追いかけないほうがいいのです。

警策は「文殊菩薩の手」

ところで、映画や漫画などで坐禅のシーンが描かれる際、必ずセットとして登場するのが「警策《けいさく》」です。

「大勢の坊主と禅堂に坐禅を組んでいると、和尚が棒を持って来て、不意に禅坐している者の肩を叩く。すると片端から仰向けに倒れる。なに、みなが坐しても、銭の事やら、女の事やら、うまい物の事やら、いろいろの事を考えて、心がどこかに飛んでしまっている。そこを叩かれるから、吃驚してころげるのだ」

勝海舟の『氷川清話』に描かれる坐禅の場面です。

「和尚が棒を持って来て、不意に禅坐している者の肩を叩く。すると片端から仰向けに倒れる」なんて勝海舟は強烈な事を書いていますが、一般人向けの坐禅会では、まず「片端から仰向けに倒れる」ことはないでしょう。ある限定された修行期間でない限り、いきなりぶっ叩かれることも、まずありません。ちなみに私は、警策を受けたことは一度もありません。

本来、警策は「文殊菩薩の手」なのです。坐禅をしながら、足の痛みや空腹や睡魔に負けそうになることもあるでしょう。そんな弱気を、文殊菩薩が叱咤激励してくれるのです。ですから、叩かれて痛かったからといって、和尚を睨みつけても無駄です。実際には和尚たちが警策で叩いているのですが、それは文殊菩薩の、厚い厚い情けを代行しているのです。

坐禅の組み方を知ったら、まずは作法などに重きをおかず、やってみてください。禅堂に参集して仲間たちと坐禅をするのも大事な機会ですが、自宅での坐禅も可能です。その際、できるだけ雰囲気作りはしたほうがいいでしょう。明る過ぎず、どちらかというと薄暗がりで、静かな場所がベストです。

もちろん、達人たちは、太陽が煌煌と照りつけていようが、強風が吹いていようが、ハードロックで部屋が振動していようが、どんな場所でも坐禅ができます。しかしまぁ、私たちがその境地を目指すこともないでしょう。

心身がリラックスして坐禅ができるようになれば、ベストです。

自然（ジネン）

ここで、坐禅を実践する際に、または坐禅は組まずとも禅を通した「集中」を求めるときに、間違った解釈をしてしまわないためのいくつかの注意点を、確認していきたいと思います。

3つの禅語のエッセンスを説明していきます。

一つ目は「自然」です。

坐禅は、日常に取り入れ続ければ、いつか「無心」を会得できるものでしょうか？「えっ？ そのための実践なんじゃないの？」というツッコミが聞こえてきそうですね。

ですが、答えはNOです。なぜなら坐禅は、何かを得るために行う行為ではないからです。

坐禅は、何かにとらわれていたり、何かが影響して偏った考えになっていたり、願望や不満を持った自分に気づき、それらを捨てていく行為なのです。得るのではなく削ぎ落していくためのものであり、坐禅を組むために坐禅を組むのです。あえていうなら、目的はありません。

これまでの説明でなんとなくおわかりかもしれませんが、「無心」になるために「無心でいよう」と意識して坐禅を組んでいては、無心からどんどん離れていってしまいます。どんなに強固な意志でも、「無心になろう」は必ずしくじります。

無心とは常に、知らずにそうなるものであることを、忘れないでいてください。

「自然」という言葉があります。これを禅の世界では「ジネン」と読みます。

日本には古来より「八百万の神」の考えがあります。このように、山川草木や風や海や大地に霊性を認める宗教観が「ジネン」です。この世界においては、私たちもまた「シゼン」の一部でしかありません。そして、ジネンの世界には対立はなく、常に調和しているのです。ですから、「自ずから然り」と書かれるのです。

さて、禅僧たちは、「自然（ここからは『ジネン』に絞ります）」をさまざまな意味で用います。

「かっこつけない」「フリをしない」「成果を先行させない」「作為をしない」、などが代表でしょう。「自然体でいよう」なんて言葉もありますね。

これは当然、坐禅にも応用できます。

「集中しているフリをしない」「集中を目的としない」「集中に成果を求めない」です。

先の「坐禅」ですが、ここには2つの大きな誤解が生まれがちです。

1つは、「坐禅では身体が拘束されている」という誤解です。しかし、一見動いていないように見えても、坐禅は動作なのです。だからこそ、無心になれる、無心に坐れるのです。

2つ目は、「坐禅をトレーニングに取り入れることで集中できるようになる」という誤解です。「集中できるようになる」ために坐禅をしても、自分の首を絞めるだけ。禅僧たちの修行でも、「無心になれ」とは決して言われないそうです。言われるのは、2つだけ。

「まず坐れ」。「ただ坐れ」。

冒頭でも述べたように「無心になれ！」では、無心からどんどん離れていってしまうのです。無心に意識を向けることは、何かにとらわれた心をさらに迷わせるだけ。そこで、「坐るという動作を意識しなさい」と助言されるのです。

そして坐り続ける。そうして後から自ずと「無心になっていた」自分に気づく。これが「自ずから然り」の道理です。「無心になっていた」とは、後から確認されるものです。

一人の禅僧が、「自然とは小さな気づきの連続」と表現しました。この「小さな」は、私たち人間の形容なのです。

自然（シゼン）に身を置くことを好む禅僧も多いです。庭園を創るのもその一つでしょう。登山やキャンプ、釣りも好まれます。二輪車を趣味にする方も随分おられます。

自然に身を投じることで、私たちは自分の「小ささ」を実感します。そしてこの

「小ささ」の実感が起点となって、私たちは世界と共振していくのです。こうなれば、集中力が問題になることはないでしょう。

自分の小ささを感じる機会を積極的に作ることをおすすめします。釣りや登山、サーフィン、キャンプなど。広大な海や川、壮大な山や森は、私たちの「小ささ」をわかりやすく思い知らせてくれます。津波や洪水、土砂崩れなど、自然災害こそ私たちを恐怖に陥れますが、普段の自然は私たちを優しく包み込んでくれます。「小ささ」とは、なんとも奥ゆかしいものです。そして、私たち人間の身体的ボリュームには、「小さい」が適当です。

試練や逆境においても、「小さな気づきの連続」としてとらえ直せば、苦辛もやわらぐかもしれません。もちろん、好きなことでも苦労はあります。苦労を苦労とせず、「小さな気づき」のきっかけにしてしまえば、きっと「無心だった」と気づかされるでしょう。

かっこつけず、フリもせず、作為もせず、集中の状態を小さな気づきの連続ととらえてみませんか？　きっと、無理なく自ずと集中している自分に気づくことになるはずです。

安心（アンジン）

日によっては、坐禅を組む気が起きな時もあるでしょう。坐禅を組んでもうまく集中へと進むことができない時もあるでしょう。

これは、私たちを悩ませる「イヤイヤ」です。「認められないからイヤだ」「予定通りではないからイヤだ」「結果が出そうにないからイヤだ」「自分らしくないからイヤだ」「なんだか気分がのらないからイヤだ」。こんな「イヤイヤ」を生むのが、私たちの心。昨今耳にする機会の多い「承認欲求」もまた、「イヤイヤ」が生む欲求です。

この「イヤイヤ」に対して、実に多くの言い訳を用意してしまうのがまた、私たちの頭脳です。「集中できない」ことへの自己弁護など、腐るほど出てきてしまいます。だから、「集中できない理由」を考え始めたら、まずストップ！　一旦立ち止まって、深呼吸をしましょう。

なぜなら、どんな状況でも屁理屈は生まれますし、それによって自分はやすやすとごまかされるからです。

ですから、考えるのは中断して、自分に「イヤイヤ」があることを認めてしまいましょう。認めた上で、「イヤでもやる」と腹をくくってしまえばいいのです。

寺の僧侶たちには、般若座務というお務めがあるそうです。般若座務とは般若札を作る仕事のこと。般若札は、天下泰平や五穀豊穣などを願って祈祷される大般若会で、仏にお供えされるお札のことです。このお札は、祈祷会が終われば檀信徒たちに配られます。ですから、お正月に配ることが多いでしょう。

これが実は、手作りなんですね。真ん中ほどにある帯を見ますと、札の裏で一ミリもズレがないように左右から中心で合わさっています。

さてこの般若座務は、仲間たちと手分けして同じものを何枚も作る作業です。時には何百枚も作らなければならないそうです。ということは、単調な作業が延々と続くのです。単調ゆえに飽きてしまえば集中が乱れ、集中が乱れれば仕損じてしまいます。さらに、この作業はチームワークが要求されるため、一人のミスが全体のミスにもなります。

つまり、「呼吸が合う」ことが求められるのです。

ここでの「呼吸の乱れ」の元凶となるのが、「イヤイヤ」です。「こんなつまらないこと」とか「こんなことをやる意味は？」とか「もっと効率的なやり方は？」なんて考えて、イヤイヤやっている人の呼吸は乱れています。そして一人の呼吸の乱れがすぐに周りに伝わり、全体の呼吸も乱れてしまうのです。

現代でもよく使われる「安心」という言葉がありますね。「不安や迷いがないこと」を意味しますが、禅では「安心」とは「アンジン」と読み、「イヤイヤ」がないことを指します。むしろ、不安も迷いもあるのです。不安や迷いがあっても腹をくくっている姿勢、これが「安心」なのです。

実際に私たちは、一歩踏み出そうとしている時に、いろいろと迷いますよね。「その先になにがあるのか？」「自分にできるのか？」「どんな評価を下されるのか？」「この選択は正しいのか？」などなど。そして、迷いを振り払おうと考えれば考えるほど、一歩を踏み出さない理由ばかりが頭に浮かびます。

そんな時こそ、迷っている自分を、迷っている自分ごと、前に投じてしまうのです。「まず迷いを振り切ってから」ではなく、まず「身を投じる」。安心してください。身を投じればなんとかなるのです。

結果よりもまずは一歩。始めたら、後はやりながら工夫していけばいい。失敗や成功を問わず、まず「腹をくくって一歩踏み出す」、この動作（考えではありません）こそが、「禅・集中」の始まりともいえます。

中庸

「禅・集中」のための最後の注意点が、「中庸」です。かたよらず、常に変わらないことを意味する言葉です。

「中庸」といえば、タイトルそのままの作品がありますね。儒教の四書の一つとして、この思想は古代中国より重宝されてきた有名な教えです。

さて、「かたよらず、常に変わらない状態」とはどんな状態でしょうか？　「ほどほど」と言い換えられそうです。弦の糸をイメージしてもらうといいでしょう。糸の張りは、弱すぎても強すぎても適切ではないことがわかります。

例え話ですが、私たちは、気合いが入ってしまうと弦の糸を強く張りすぎてしまい、やる気がないと緩んでしまいます。ほどほどの張りが「中庸」なのです。

「中庸」を、身体的なものとして、適切で柔らかい言い方にしてみましょう。「ホームポジション」、あるいは「ニュートラル」です。

さらにいうと「戻れる場所」です。「戻れる場所がある人はたくましくしなやかである」、これは禅の要諦の一つです。

お気づきでしょうか。これは、坐禅にそのまま精通しています。

坐禅の「坐」は、「その身そのままで」という意味があることは先にもお話ししました。「ありのままの自分を見つめる＝頭や心をニュートラルな状態にする」ことが坐禅です。

禅では、「禅の修行は思い通りにいかないことの連続である」と教えられます。その思い通りにいかないことの代表は「自分」です。

昔であれ今であれ、人間の世界では「思い通りにいかないこと」はたくさんあり、それこそが自然の摂理です。だからこそ、戻れる場所が肝心なのです。

自分のホームポジションを探すためには、シンプルなことの繰り返しが肝要です。この点からしても、坐禅は最適な実践となるでしょう。

シンプルなことを繰り返すからこそ、同じことをいつも変わらずやり続けるからこそ、日々の体調の変化にも、年齢による変化にも気づけるようになります。しかしこのホームポジション、ニュートラルがないと、感性が鈍くなってしまいます。自分の変化にも気づけません。その結果、非日常的、非現実的な解決手段を求めてしまうのですが、これは当然、逆効果。自分で自分の首を絞める思考です。

禅の世界は、徹底的なリアルに生き続けているものです。私たちはこれを、「非日常」とか「伝統」とか、「逆に斬新」と呼んだりしますが、それは都合に合わせて使いわけているだけなのです。

このホームポジションは、学校の教科書にも書かれていませんし、両親の脳裏にも答えは浮かんでいません。ただ自分の身体だけがその頼りとなります。そのためにも、日々のシンプルな繰り返しを蔑ろにしないようにしましょう。

「思い通りに」を仕事や人生の目標にしていませんか？　思い通りにいかないことで、心が乱れてしまっていませんか？　そしてもし派手で見栄えのする行動ばかりに気持ちが傾いているのなら、一度、立ち止まって落ち着きましょう。

「禅・集中」に最も必要なことは、難しいことでも仰々しいことでもありません。シンプルなこと。繰り返しになりますが、ここで坐禅が役立ちます。

誰にでもできることを疎かにしないことです。全てはここから始まります。これを日々、丁寧に繰り返すことができる人にこそ、本来的で自然な集中への扉が開かれるのです。

第3章

マインドフルネス
――集中力を養う現代的アプローチ

ストレスとマインドフルネス

ここまで「集中」「無心」について禅の視点から説明してきました。

次に本書のもう一つの立場であるマインドフルネスから、「集中」を見ていきたいと思います。「集中」の実践をご紹介する前にまずは、マインドフルネスを理解する上でカギとなる、ビジネスパーソン、みなさんの心身の現在地を探っていきます。

ぜひ一緒に、今現在あなたが置かれている「状況」「心」に向き合って、静かに自分を見つめてみてください。

さて、序章で、「マインドフルネスは一日の仕事の生産性を向上させるのに役立つ」とお話ししました。この本のテーマのど真ん中である、集中力を高める身近な技法として、現在では多くのビジネスパーソンがマインドフルネスを活用していることと思います。

「集中」へ向かうという点は禅と同じなのですが、マインドフルネスが日本に広まり出した背景は、禅とは全く違います。そしてそれは、マインドフルネスがこれほどまでに流行している理由にもつながります。なぜ今、マインドフルネスなのでしょうか?

ポイントは、「ストレス」です。

マインドフルネスとは、瞑想であることから神秘的なものと思われがちですが、ストレスを軽減するための「意識」を変える方法として、科学的効果が立証されているものであることをご存じでしょうか。マインドフルネスが脳に与える影響は、データをもとに多くの専門家がこれまで立証してきました。そのおかげで、世界各地、そして日本でも広がり、さまざまな企業が取り入れるまでになりました。

マインドフルネスがここまで浸透してきた背景について、もう少し掘り下げてみたいと思います。

常に環境は移り変わり、常に複雑な状況下に置かれ、理解が追いつかない毎日を生きているVUCA時代のビジネスパーソンは、言わずもがな多くのスキルを求められています。

例えば、情報処理能力、行動力、危機管理能力、さらには主体性やイノベーションを起こす創造力などといったことも含まれるでしょう。社会の中で仕事をしていればマルチタスクを求められるのは当たり前、ストレスから免れられるビジネスパーソンなどいません。


想像してみてください。

会社では、効率性・収益性にかたよった方針が更新され続けています。一方でオンラインツールの活用の可能性が広がり続けています。前者はルールやポリシーへの従属を強いてきます。それはすなわち、旧来から続く「型」を意味します。他方、後者はルールやポリシーからの逸脱を可能にします。そして、「新規」、つまり「型からの離脱」を意味します。「従属と逸脱」、「従来と新規」が混在した社内では、マルチタスクを常識としなければ働くことができません。

相反する二者の板挟みにあった状態で働き続ける……どうでしょうか?

常に葛藤を抱えるようになるのではないでしょうか。これが現代のストレスの外的要因の一つだと、私は思っています。

さらにもう一つ。この相克状態に決着をつけなければという切迫感が、ストレスの内的要因となっています。しかし、この相克ははっきりと「AかBか」の選択肢になっていません。二択問題になっているのならまだしも、各種のストレス要因がわかち難く結びついています。その結果、ビジネスパーソンは「進め進め」とあおられていながらも、先へ進むための選択肢を選べずに、そして立ち止まることも許されないまま、先に進ませられています。「選択は自己責任」の必殺ワードのもと、あおり立てられて進まされていることに気づかないまま、ビジネスパーソンは我勝ちに先へ急ぐことを余儀なくされています。

最大の難点は、私たちの心の様子にあります。自分の心は検知し難いものなのです。さまざまなストレスがどれほど心身にダメージを与えているかがはっきりとわかる時は、同じ程度に心身の不調がはっきりと顕在化する時なのです。少々の不調など、ただの甘えだと自分を鼓舞する頑張り屋さんほど、このタイミングが遅きに失してしまうのです。

生活が快適に、ラクになっている一方で、鬱病や不安障害の患者はかつてないほど増加していることが、まさにそれを裏づけています。現代人の心が、かつてないほど脆弱になっているのは、起きるべくして起きている、必然の現象です。

さて、「なぜ今、マインドフルネスなのか？」の答えが出ました。

このようなビジネスパーソンを、心身のストレスから救う一つの手段として求められたのです。

意識を現在に集中させることで、複雑怪奇に混乱している問題に対する答えを探すための思考ループにはまり込むことなく、「答えを出さないままにしておく」ことで、問題に対する反応を自らでコントロールできるようになるのです。

誰もが未病状態、自覚症状がなくても健康とはいえない状態であることを理解しなければなりません。過度なストレスが常態化しているからこそ日常生活にマインドフルネスが欠かせないものとして要請されているのです。

集中とマインドフルネス

読者のみなさん自身が、ストレスフルな状態であることを強く実感したところで、「集中とマインドフルネス」へと話を進めましょう。

本書の主軸は「集中」です。

「集中」に関するさまざまな研究と文献に、共通するメッセージがあります。それはある意味警告ともいえますが、「現代の私たちは、以前よりも集中できなくなっている」です。もちろんこれは、昔の自分と比べての結果でもありますし、先の時代と比べた人類規模での結果でもあります。インターネットがない時代に幼少期を送った人なら、我が身を振り返って、集中力や記憶力が低下していることを実感されるでしょう。

「集中」がここまで問題視されるようになった背景には、「ストレス」があることは、これまでのお話で想像できると思います。

「集中できない」という事態は、仕事や勉強だけではなく、私たちの健康状態にも大きく影響してきます。

ストレスを軽減する手段であるマインドフルネスの最大のポイントが、「集中」に置かれるのも頷けるところです。

面白い実験があります。

マルチタスクが得意だという人たちと、マルチタスクが苦手で一つのことしかできないという人たちの、集中状態を分析した実験です。その内容は、単純作業を一定時間行うというものでしたが、気が散るような仕掛けがいくつも用意してありました。

結果としては、マルチタスクが苦手な人たちのほうが、集中が持続して、単純な作業をミスなく行えたそうです。一方で、マルチタスクが得意だとする人たちは、一つの気が散るサインに反応し続け、結果として注意力が落ちてしまったようです。

これらのサインには、重要なことから無意味なことまでさまざまな種類がありましたが、マルチタスク得意班は、その重要性にかかわらず、あらゆるサインに対して反応してしまったのでした。

この実験はさらに続きがあります。与えられるタスクが次々と変わっていくという実験も行ったのです。つまり、「マルチタスク能力」を測るものなのですが、こちらのテストでも、日々マルチタスクを「実践」している人たちのほうが、それができないという人たちよりも成績が悪かったそうです。

この結果からわかることがあります。

マルチタスクが日常化していくと、集中力が劣化してしまうということです。そして、集中力が劣化するということは、脳が最適な状態で働かなくなってしまうことにほかなりません。

一人の人間が一日にこなせる仕事量には、当然、限界があります。「限界」という表現がそのままマイナスになるのではないことに要注意です。「限界」は私たちが生身の存在であり、機械ではないことを証明するものです。

しかし、仕事量が増え、あっちへもこっちへもとどんどん広がっていくと、必然的に意識もあっちへこっちへと向いてしまうようになります。

私たちの「意識」は、「タスクの重要度」ではなく、「即座に反応する」ことに注意を注いでしまうようになります。こうして、限界を踏み越えてしまい、意識が不安定になり、結果的に心が不安定になってしまいます。

しかし、今やマルチタスクを逃れる仕事環境はあるのでしょうか？

多くのビジネスパーソンは、パソコンとスマートフォンを仕事の必須アイテムにしているでしょう。それがなくても成り立つ仕事のほうが少ないはずです。

文筆を生業としている私でも、原稿を書くのにパソコンを使いますし、当然、パソコンはインターネットと繋がっています。したがって、メールが届いたという通知が定期的にパソコン画面に現れます。

幸いにも、パソコンがない時代に学生生活をしていた私は、調べ物は基本的に本でしますし、メモも手書きでしかできません。しかし、パソコンスキルがある人たちにとっては、調べ物やメモも、すべてパソコンでできてしまうでしょう。

こんな便利なものがあるのですから、「テーマの調査」だけを担当する人や、「会議の録音とメモ」だけを担う人がいたら、人材の無駄使いと判断されます。

会社内でどのような立場だろうが、どのようなミッションに取り組んでいようが、パソコンがあることで可能になったことはあれもこれも、全部自分でやらなければなりません。

「私は、マルチタスクはしません」と社内で豪語できるような人は、はてさて……いないでしょう。

だからこそ、マインドフルネスが今の時代の要請にピタリとはまっているのです。マルチタスクからは逃れられない。ということは、自分の意識を変えるしかありません。

マインドフルネスに求められる効果には2つの方向性があります。

❶「注意のコントロール」

❷「気づき」

❶「注意のコントロール」とは「注意を理解し、それを自らの力でコントロールできるようになること」です。

❷「気づき」とは、「注意を向けたものに対する五感や内受容感覚、浮かんでくる思考や感情に気づいていく」ということです。

マインドフルネスが目指す理想の状態は、「意識を向けたものによる気づきで心をいっぱいにする」ことなのです。

あれもこれもこなすべきタスクや、考えるべき案件がいっぱいあったとしても、今、ここ、一つのことに集中するための「お守り」のような、日常のルーティンとして取り入れやすい身近な方法なのです。

マインドフルネスとは何か?

マインドフルネスで目指すものを見失わないために、心にとめておいたほうがいいことを一つお話ししたいと思います。

これだけ話題になっているマインドフルネスですが、一方で、多くの専門家が、マインドフルネスの混乱を認めています。

ブラウン大学医学大学院の精神医学・人間行動学のウィロビー・ブリトン教授は、昨今のブームには、マインドフルネス研究が科学的に証明したところを超えてしまう熱狂があるといっています。

「一般の興奮ぶりは科学的根拠を上回っています。人々は、研究が実際よりもずっと高いところに到達していると勘違いしています。科学界は瞑想の効果を実際以上に強調しすぎないようにする責任があります」

この混乱の最たる原因が「マインド」という言葉です。

一般的な日本人が「マインド」としてイメージするのは「心」でしょう。英和辞典で「ｍｉｎｄ」を引けば、まず「心・精神」がトップに出てきます。それから「知性・知力」が、続いて「記憶」が出てきます。

ですから初めて「マインドフルネス」に触れた多くの日本人は、これは「心を扱うもの」であるとの印象を持ちます。この誤解からさらに誤解が広まり、「幸福論」や「不安を取り除くメソッド」として、あちらこちらで紹介されるようになりました。

さて、現在、私たちが見聞きする「マインドフルネス」ですが、まずアメリカにおいて、病気を治す治療法として確立し、西洋、日本を始めとする東洋に渡りました。日本人にはカタカナ語と流行に弱い国民性があります。「マインドフルネス」を「意識の集中」としたところで、ここに目新しさはほぼありませんし、結果として注目されにくくなってしまうでしょう。

このような国民性ゆえに、流行も大きな声になってしまえば、誤解されたまま通用されるようになり、それが、ブリント教授がいう「混乱」へと発展していったのではないかと思います。

誤解が広まってしまえば、それこそ「マインド」がウロウロしてしまい、本来の主旨から外れたところに目的が設定されてしまいかねません。

ストレスを自然な状態に戻す

ストレスフルな環境に身を置きながら、自分の中の集中状態へ意識を向けて、ストレスを適度なものへと減らすこと、それがマインドフルネスの効果です。それは意識的に、拡散してしまう集中を「今」に引き戻す作業をすることなのです。意識は、過去にこだわり、未来に逃走したがるものです。

仕事のこと、家庭のこと、友人や恋人のこと、最近あったイヤなこと、明日の予定、今月中にやらなければいけないタスクのこと、今夜何が食べたい、週末は何をしたい、……これらはどれも過去、または未来のことです。

自分の意識を現在に引き戻すという作業を繰り返すことは、なんとなくできることではありません。現在の瞬間に踏み止まろうと努力を繰り返さなければなりません。

こうして、自分の意識の仕組みを理解していきます。

「集中力が続かない」自分にすでに気づいているビジネスパーソンたちも多いですが、彼らの大半は、まだ問題の根本的な原因がつかめないままでいます。

脳や神経の合理的な仕組みを知らないまま、ただ闇雲に、「集中しなければ」とあがきます。

しかし、繰り返しますが「集中が散漫」になるのは、現代の環境に対して脳が合理的に働いているのです。

マインドフルネスのプログラムは、この問題を頭と身体の両方を通して、解決していきます。

「集中できない」という悩みの大元の原因を知り、ただ理解し暗記するだけに止まらず、身体的な実践にまで落とし込んでいきます。

知識を実践へと変えることで、マインドフルネスの継続が可能になります。こうして、マインドフルネスの効果として挙げられる「集中力の向上」「意識の安定」が可能になります。

しかし、ここにも注意点があります。あくまで集中力を鍛えることは余剰効果であり、マインドフルネスは「ストレスを自然な状態に戻す」ものなのです。

さて、「マルチタスクからは逃れられない」と書きました。逃れられないのに逃れようとすることは、さらにストレスを強くすることです。マインドフルネスを取り入れたとしても、完全に逃れることはできません。ただ、「適度な距離」を、自分で調整して保つ手段とはなり得ます。逃れられないことから逃れることもなく、ただしどっぷりそこにはまらない塩梅を保つことです。

マインドフルネスは、仕事の環境をドラスティックに変えさせるものではなく、ストレスフルな環境の中にいながらも可能な治療であるからこそ、このように世界各国で認められるようになったのです。

当然、そのプログラムは誰にでもできる平易なものでなければなりません。ですから、自ずと私たちが普段、何気なくしていることがマインドフルネスの基盤となってきます。

本書では、この基盤として「座る」「食べる」「歩く」「寝る」の4つをピックアップしました。本書以外を読まれる方は、他にもさまざまな基盤を見つけられることでしょう。

第4章

マインドフルネスの実践方法

座る集中

ここからは、マインドフルネスのメソッドを紹介していきます。まずは「座る」という動作に集中してみましょう。

椅子に座っても床に座ってもどちらで構いません。腰骨を立てて肩の力を抜いてください。

目は閉じていても開けていてもどちらでもいいですが、開けている場合はまぶたの力は緩めて、斜め下あたりに視点を固定します。

そして、呼吸を通した身体の観察を行います。

鼻先に意識をおいて、鼻先から呼吸が出入りする感覚に意識を向けます。入ってくる呼吸が少し外気で冷たく感じられるかもしれません。出ていく息が身体の中で温められたのを感じられるかもしれないでしょう。このように呼吸に意識を向けることで、これまで無意識にしていた呼吸の感覚、特に「今の呼吸」に気づいていきます。

さらに、胸やお腹の動きなど、呼吸を通して身体の動く部分に気づくことでしょう。いきなり鼻先へと意識を向けることがやりにくい人は、お腹に意識を向けてみましょう。きっと、お腹が膨らんだり凹んだりする感覚をとらえることができるはずです。

途中で呼吸から意識が逸れたことに気づくこともあるでしょう。決して「意識を外したらダメだ」と意気込まないようにしてください。意識が逸れたら、意識を戻せばいいのです。そっと呼吸へ意識を戻してみましょう。鼻先やお腹など、ある程度自分が感じやすい場所を決めておいて、戻ってくることがおすすめです。

基本的に、マインドフルネスでは呼吸を「アンカー（錨）」とします。呼吸によって、私たちがいるところに戻ってくる力を養います。この「アンカー」は、もともとは私たちに備わっているものです。

マインドフルネスプログラムを通して、自分の中に「アンカー」を育んでいきましょう。

現代人は、すぐに答えや理由を求めるクセがついてしまっています。頭でっかちで、思考ばかりですから、この「座る集中」の実践中に、たまたま呼吸に意識をおくことができた時に、「これが何の役に立つの？」「どういう意味があるの？」というような疑問を持つ場合も多くあります。

しかし、たまたま呼吸に意識をおくことができたとしても、まだそれには「アンカー」としての重さがありません。すぐにフロートしてしまうような軽い状態です。このメソッドを繰り返すことで、段々と自分の中で重さを帯びてきて、マインドフルネスを実践している時以外でも、アンカーとして私達の中に定着でき、自分を留められるようになります。

こうして、呼吸への意識から、「即座に刺激に反応」してしまうクセを抑制することができるようになります。

いきなりストレス自体を減らすのではなく、反応してしまうことを減らすことで、ストレスを適度なレベルへと軽減できるようになります。

マインドフルネスのプログラムは、ある程度、特定の区切られた時間での実践が勧められますが、これがその理由です。

私が思うに、マインドフルネスにおける「適切な時間」とは、「自分がゆとりを感じられる時間」だと思います。朝、昼、夜のいつでも問題はありませんが、少なくとも、自分が決めた時間は座っていられなければなりません。このような時間を積極的に作ることは難しいかもしれませんが、そこは工夫次第です。人によってゆとりを感じられる時間は違います。朝のほうに余裕があれば朝が、夜のほうが落ち着けるのであれば夜がおすすめです。

食べる集中

次に、食事に集中するプログラム、マインドフル・イーティングを紹介します。

まずは、日常を振り返ってみましょう。

マルチタスクは仕事の場面だけではありません。インターネットがないころからすでに、食事中にマルチタスクをしてしまっていた人たちは多くおり、この食卓風景への警告はしばしば鳴らされていました。

惰性で食べたり、無関心のままに食べたり、目前のお皿以外のものに目が奪われたまま食べたりすることが、あなたにもあるのではないでしょうか。

しかし食事は味覚や視覚、嗅覚、そして胃や体温など、体の内側からの感覚などの刺激が、実にたくさんあるのです。ですから、マインドフルネスプログラムとしては、最適といえるでしょう。

ある実験で、「幸せになる写真」を選定してもらうというお題を出したところ、一番多かったのは食べ物の写真だったそうです。その割合は20％を占めたそうです。

私たちにとって、「食」は幸せに直結することがこの研究で証明されています。

同時に、欲を満たす、ストレスを解消するはけ口になっている人もいるでしょう。

ビュッフェ、週末の暴飲暴食、朝まで飲み明かす等々、その内容も人それぞれとはいえ、飲食によってストレスを発散している人は多いです。

しかし、暴飲暴食や過度なカロリー摂取は、健康によくないのはご承知のことです。そのような時間を、ストレス緩和の時間に変えてしまいましょう。

前置きが長くなりましたね。実践に移りましょう。

まずは姿勢を整えて、三呼吸ほど、今あなたが置かれている心身を確認します。もしかしたら「早く食べたい」という気持ちが出てきているかもしれませんが、それも含めて、自分の状態を確認します。

目を開けて眼の前の食事を眺めます。入ってくる色や形、匂いに意識を向けましょう。そして、一つの食材をピックアップして、鼻に近づけて匂いをかいでみましょう。どんな匂いがするか、自分はどう感じているかを確認します。

目でその食材の色や形を改めてよく見てみます。まるで初めてその食材と出会ったかのように、好奇心や興味心を持ちながら観察してみましょう。

それから、唇に食材をそっと軽く触れさせて、唇からの感覚に意識を向けてみましょう。その後、そっと口の中に運びます。すぐに噛まずに、舌に触れる感覚を感じながら、食材を転がしてみます。硬さや形を口の中でじっくりと感じます。唾液が出てくるかもしれませんが、それも感じます。

そっと奥歯で噛んでみます。一口目にどのような食材の変化があるかに意識を向けます。潰れる感覚や食材の汁が口の中に広がるかもしれません。

無意識的に噛み進めたくなるかもしれませんが、なるべくゆっくり、スローモーションのように、意識を常に口の中、食材にとどめて、グラデーション的に変わりゆく味や香り、食感を楽しみましょう。

衝動的に飲み込みたくなることもあるでしょうが、その気持ちにも素直になりましょう。しかしここでも忍耐強く、衝動に巻き込まれないように口の中へ意識を向け続けます。

ある程度噛み進めたら、「飲み込みます」と自分の心の中で唱えてからゆっくりと飲み込み、喉元から胃のほうに落ちる感覚を受け取ります。

無意識的に次の一口にいきたくなる感覚があるかもしれませんが、それにも気づきましょう。

そして、いったんお腹の中に入った後の余韻を感じます。人によっては、お腹が暖かくなる感じや、胃の動きを感じ取ることがあるかもしれません。

二口目に進みます。そうして、食べ進めていると、同じ食べものでも味の強さに変化を感じたりします。また、お腹がいっぱいになってくると、満足感や血糖値が上がるような全身的な充足感を感じるかもしれません。

食事から受け取る感覚は複合的であり、一口一口で変化し続けます。毎回の一口に気づきながら食べ進めましょう。

「今自分はどんな感覚を受け取っているかな?」「どんな味がしているだろう?」と自分に問いかけましょう。たいてい、私たちは思い込みで料理を食べています。「これはおいしいに違いない」「こういう味に違いない」という思い込みが、本来の素材の味をゆがめてしまいます。

いったんその思い込みを取っ払って、初めて食べる食材・食事だと思って、向き合ってみてください。

同じ食材でも、甘いものもあればそうではないものもありますし、口の中でも味は一定ではありません。グラデーション的に変化してゆく感覚をただ受け取ってみましょう。

最後には、そこにある命に感謝しましょう。あなたが食べている食材のどれ一つとして、命がないものはありません。その食材の命は、その食材を育ててくれた人、その食材を運んできてくれた人、さまざまな人の手によって自分の命の一部となっていきます。

寒いところでは身体が緊張するように、温かいお風呂では筋肉がリラックスするように、温かさで満たされる時、心もリラックスしていくのです。

感謝ほど心を温めてくれるものはありません。心を満たすために感謝をするのは本末転倒ですが、ただ、そこにある命たち、それによって生かされている自分の命を、その一口一口から感じてみましょう。

歩く集中

続いて「歩く集中」プログラムの紹介です。

このプログラムは、安全な空間で行います。山登りでもなく、競歩でもありません。路上など、周りの人や自転車、自動車とぶつかる可能性があるところで行うのではなく、家の中や庭などで行うようにしましょう。「心が落ち着いている」状態は、ある意味、危機への対応が遅れる状態でもあります。ですから、「座る」「食べる」「寝る」と同じように、必ず安全な空間を用意して実践してください。

スタートする場所に立ちます。まずはそこで3回ほど呼吸します。鼻から吸って、鼻からゆっくりと吐きます。いきなり歩き始めないようにしましょう。

立ったまま、足の裏にそっと意識を向けます。足の裏の感覚や下半身に感じる身体の重さ、一瞬一瞬に起こる身体の揺らぎへの感覚など、ただ直立しているだけでも感じられることが多いことに驚かれるでしょう。

そして、心の中で「歩きます」、と唱えてから片方の膝をゆっくりと曲げます。まるで初めて歩くかのようなイメージで、第一歩を踏み出しましょう。

そして、かかとが床から離れる感覚、ももが持ち上がる感覚を受け取ります。私たちにとって歩行は、あまりにも当たり前のこと。日々、歩行の動きなどを意識することはないでしょうが、ここでは敢えて、「慣れ」から離れていきましょう。そして、速い動作や歩行を意識的に控えて、敢えてスローモーションで行うようなイメージで進みます。

足の裏がだんだん床から離れて、つま先が最後に離れるのを感じます。足の裏が離れたら足が持ち上がり、前へと移動して、つま先が床に触れるところまで、ゆっくり

ゆっくり、実感していきましょう。その間にも、身体の重心や関節、筋肉の感覚などに気づいていくことでしょう。

そして、足のつま先から床につき、かかとまで段々と床のほうに近づいていく感覚を受け取ります。重心が前足にきたら後ろ足が軽くなり、同様にかかとが床から離れる感覚へと意識を向けましょう。

この意識的なスローな動作を、左右、左右と続けていきます。途中で無意識に歩いてしまっていたり、違うことを考えていたりする自分に気づくこともあるでしょう。ですが、そのような自分を評価しないでください。気づいたらもう一度、下半身や足の裏の感覚、もしくは動いていく中で変化する身体の感覚を、意識に戻していきましょう。

終わる時も、「止まります」と心の中で唱えて、止まりましょう。

寝る集中

最後に、「寝る集中」です。

ボディスキャンといって、マインドフルネスのトレーニングをする時の基礎となります。

名前の通り、身体の一箇所一箇所をスキャンするように、つま先から頭の先まで全身に意識を向けていく方法です。ＣＴスキャンのように身体を透視していくイメージをしましょう。

これにより、気が散りやすくなっている意識をコントロールできるようになります。マインドフルネスでは、「今ここ」に意識を留めることが重要です。この注意のコントロールを安定させることが最初の一歩です。

同時に、ボディスキャンは睡眠前の入眠誘導にも推奨されることがあります。身体への意識で心を満たしていくということで、身体はくつろぎ、深いリラクゼーション状態に導かれていくのです。

現代人、特に日本人はそもそもとして、先進国の中でも睡眠時間が短いことで知られています。睡眠時間が短いと、お察しの通り、ストレスが蓄積されやすくなります。

さらには、その貴重な睡眠時間すらも、頭の中でぐるぐる回る思考にとりつかれ、寝つきが悪くなったり、深い睡眠を阻害しています。まずは、思考する脳と、身体を意図的に離してあげる必要があるのです。

ボディスキャンで、身体をリラックスさせましょう。

やり方を説明します。

❶仰向け、もしくは身体が安定してよりかかれる、くつろげる姿勢を取ります。両脚は腰幅程度に開き、膝は伸ばします。膝を曲げたほうがラクな場合は、膝下にクッションなどをおいて関節や筋肉に違和感のないようにしましょう。手

のひらは上向きにして、指の力も抜いておきましょう。顎の力を緩めて表情や頭、首の力も抜きます。

❷ 2〜3回ゆっくりとした深呼吸を行いましょう。鼻から息を吸い、鼻からゆっくり長く息を吐きます。

❸ ❷の呼吸をゆっくりと続けながら、最初は、足の親指に意識を向けていきます。「左足の親指、左足の人差し指、左足の中指……」など左右の部分ごとに、呼吸に合わせて順番に意識を向けていきます。難しく感じる場合や時間がない場合は、「両足の親指」のように左右を同時に行ってもOKです。それと、意識を向ける位置ですが、深く考えずに自分が知っている身体の部位で大丈夫です。専門家のように詳しい身体の部分や難しい筋肉の名前を考える必要はありません。無理に言葉を引き出さずに、足元からふと意識が向いたところに留まりながらゆっくりと上に上がってくるようなイメージで行いましょう。

❹ 足のつま先から頭のてっぺんまできたら、全身に意識を向けて、さらにゆっく

りと深呼吸を行います。そのままくつろいでいてもいいですし、日常に戻る場合には手先や足先からゆっくりと動かし、身体の感覚を取り戻してから目を開けましょう。

特殊なものは必要ありません。「これで本当にくつろげる?」なんて疑問に思うでしょうが、実際に深いリラクゼーションが訪れます。

頭から思考が離れ、深い部分で筋肉が緩み、落ち着いた呼吸が可能となるからです。ボディスキャンの実践一つで、これらが複合的に絡み合ってリラックス状態になれるのです。

第5章

禅とマインドフルネスの相互作用

禅とマインドフルネス、意識の違い

ここで、一度、「禅・集中」と「マインドフルネスの集中」について、要点を整理しておきましょう。

両者には「意識」を中心にした違いがありました。

禅における「無心」とは、我欲を無くすことです。我欲には、見栄や承認欲求のようなわかりやすいネガティブなものもありますが、損得や打算などもあります。「無くす」というとまぎらわしいですが、そのような心の想いや念を無くすのではなく、想いや念があってもそれにとらわれず、自由自在に生きる姿勢が「無心」です。

想いや念にとらわれなければ、時間への意識も無くなっていきます。これが序章でもお話しした「没入」につながっていきますね。

「コスパ」や「タイパ」など、効率重視の時代を生きるみなさんが最も苦手とするところかもしれません。

さらに、行動への抵抗を無くすことも「無心」です。それは、「意味」や「結果」、「評価」などはまったく気に留めず、行動そのものに一体化することです。

世界（他者）との抵抗を無くすことも「無心」です。それはまた、「自分らしさ」から離れることにもなります。「自分らしくなければ」という思い込みは、「無心」にとって最大の邪魔といえるでしょう。

端的に、「無心」とは束縛が無くなっている姿勢でもあります。この「束縛」とは、私たち自身が、自分で自分を縛る縄なのです。これは「自縄自縛」と表現されます。どのような束縛も、自分以外の誰かに強いられたように感じられるものであっても、結局は「自分で自分を縛る」ことを、自分が選んでいるのです。このような道理にさえ気づけば、つまり「覚醒」さえすれば、誰かを変えようとせず、会社や社会を変えようとせず、「自分」を変えようとあっさり思えるはずです。

一方で、マインドフルネスの集中は、意識を満たしていくものです。ある対象に意識を満たしていくことで、私たちの思考がどれほどとらわれやすいか気づけるのです。とらわれた思考がストレスを生み出し続けている。だからといって、とらわれていないふりをしないようにしましょう。自分が「とらわれている」ことに気づくことから、マインドフルネスのプログラムは始まります。

このとらわれに気づくことで、自分で勝手に生み出しているストレスがあることにも気づけるでしょう。

マインドフルネスの集中プログラムでは、自分がコントロールできる場所と、コントロールできない場所を分けていきます。そしてコントロールできるところに意識を向けていきます。マインドフルネスのこのような実践によって、心は平安を取り戻すのです。

「何も得ようとしない」と「何かを得るためにする」

禅もマインドフルネスも、「集中をとりもどす」という点で同じです。そのやり方に大きな違いはありません。

では、違うのはいったい何か？　答えはすでに提示していますが、再確認したいと思います。

「マインドフルネス」という語は、元々は仏教の用語でした。東南アジアなどで行われている瞑想法に由来しているといわれています。それがアメリカに渡り、一般の人が実践できる内容に変化、アレンジされていきました。

現代では一般的に、マインドフルネスは科学をベースにしたプログラムです。ここに信仰が関わることはなく、誰でも取り入れられるものです。

違うのは、「何も得ようとしない」と、「何かを得るためにする」です。

禅では、坐禅をするために坐禅をします。一方で、マインドフルネスは、「集中するため」「不安を解消するため」「落ち着くため」など、得ること、ご利益を前提に行います。

先にもお話ししましたが、マインドフルネスの効果は科学的に確実に実証されています。多方面にご利益があることが証明されているのですから、人気が出るのは当然ともいえますね。

「データとして効果が認められている」と言われれば、やってみる価値を感じるでしょう。準備や手間なく始めることができるのですから、入口は広いです。

一方で禅は、少しハードルの高さを感じないでしょうか？　修行という姿勢も必要ですが、坐禅のやり方自体は難しいものではなく、日々の生活に加えることもできるでしょう。

しかし、禅の知識など、外側に触れるほどに、ある種の難しさを感じる人が多いのではないでしょうか。

ですので、まずは目的があるマインドフルネスから日常に取り入れていってはいかがでしょう。「マインドフルネスに慣れたら、次は禅を」ということでは決してありません。

「日常」、そして「集中」ということを第一に考えたときに、マインドフルネスを入口にし、同時に禅にも触れ、少しずつ禅にも挑みつつ、いつしか、よきタイミングでよきほうを日常に活用していくことができればいいですね。

ここで、マインドフルネスだけでもいいのでは？　と思われる方もいるかもしれませんね。ですが、マインドフルネスを体得し（たと思い込み）、それを日常で繰り返し行えるようになったとして、「集中力」や「ストレスの少ない状態」が根づくのかどうかという不安があります。

マインドフルネスによって、「今ここ」でだけ、不安を取り除くことができ、集中を高められたとして、それがその場だけ、短期的なものであっては悲しいです。はたまた、マインドフルネスにこだわりすぎて、「よりストレスのない状態へ」なんて意識し、目的を見失うかもしれません。

だからこそ、何も目的にしない禅の教えも大切なのです。根本の意識が気づいたら変わっているのが禅ですから。

無かフルか

禅とマインドフルネスの取り入れ方についてさらに触れます。

「型を捨てる」「型を意識しなくなる」ことを「無心」として禅は教えます。一方で、「意識」を一つ一つの動作に集中させていく「型」に沿ったプログラムをマインドフルネスでは実践します。

禅の「無心」は、主客をなくすとも説かれます。「流れ」で説明すれば、流れそのものになることです。流れを対象化して、流れに意識を向け、流れで意識を満たすことなく、流れに任せてしまうのです。

ここで、禅とマインドフルネスの相違点は、「無」か「フル」かに現れます。「無心」になれると、私たちは今お伝えした流れのように、行為と一体化した形になります。没入している状態ですね。

第1章で登場した剣豪たちがそうでしょうし、武道家は武術が形でしょう。

ビジネスにおいても、仕事は型です。意識をフルにしないからこそ、自他の関係は双方向で自在に動くのです。フルになった意識には、世界からの意識を受け入れる余白はありません。

仕事をする上で、敢えて踏みとどまって、流れに抵抗することも重要でしょう。「ブレのないマイスタイル」を身につけることも大切です。そのようなタイミングは、きっと誰にでも訪れるはずです。

しかし、それはイレギュラーとして、普段は「流れに抵抗しない」という仕事のスタイルを心がけてみましょう。「流れに抵抗しない」ところからも、私たちは無心に近づけるのです。そして、利益や効率を図ることも必要でしょうが、平時の仕事においては、自分の行為そのものに集中してしまいましょう。

そのためにも、マインドフルネスの「型」が重要です。一度、しっかり「型」にはまってみましょう。その型があって初めて、いずれ「型」を意識しなくなり、形に至るでしょう。いきなり達人にはなりません。「いずれ」でいいのです。「型」通りにやっているうちに、融通無碍に仕事に集中することができるようになっているはずです。

集中から没入へ

ここでさらに「集中」を超えた「没入」について、禅とマインドフルネスを見ていきたいと思います。

禅は、日常の行動の中で心を静め、その瞬間瞬間に完全に集中することを重視します。例えば、茶の湯や書道などの日本の伝統的な芸術は、禅の精神を背景に持ち、行為そのものに没入することを目的としています。禅の修行の中で、坐禅を行う際も、自身の呼吸や身体の感覚に集中し、外部の刺激や心の雑念に流されないよう訓練します。この訓練を通じて、日常生活の中でも没入の経験が得られるようになります。

一方、マインドフルネスは、現在の瞬間に意識を向け、判断や評価をせずにその瞬間を受け入れることを重視します。これは、外部の刺激や自身の感情、思考に振り回されずに、現在の瞬間に集中することを助けます。マインドフルネスの瞑想を行う際、呼吸や身体の感覚、周囲の音など、現在起こっていることに集中します。これにより、心が静かになり、深い集中力が生まれることで、没入の状態へと導かれます。

序章でも述べましたが、没入の状態になると、多くの人が高いパフォーマンスやクリエイティビティを発揮することが報告されています。また、没入がもたらす心の平静や一体感は、ストレスや不安を軽減する効果もあります。日常生活の中で、禅やマインドフルネスの実践を通じて、このような没入の経験を増やすことは、心身の健康や生活の質の向上に寄与するといえるでしょう。

禅とマインドフルネスは、現在の瞬間に心を集中させることを通じて、没入の体験を引き出す方法を提供しています。この没入の状態は、高いパフォーマンスやクリエイティビティの源となり、同時に心の平静や満足感をもたらします。日常生活の中での没入の経験を増やすことは、生活の質を高めるための有効な方法となるでしょう。

禅とマインドフルネスは、根本的に違うものです。ですが、一方で、古今東西の知恵を終結した集中力の向上法として、とても有効です。両方を取り入れることで、ビジネスのパフォーマンスを飛躍的に向上させることが期待できるのです。

他者との関わり

禅とマインドフルネスの違い、そして相互作用についてお話ししました。

本章の最後にもう一度、禅とマインドフルネスの違いについて、別の視点からお話しします。

禅とマインドフルネス、それぞれの良さを感じてください。

マインドフルネスが僧侶たちの目に止まるようになった流行当初から、慎み深い誠実な僧侶たちに私は意見を聞いてきました。

「仏教にとって自己とは、他者を含めた自己である。マインドフルネスには『他者』がない。仏教の真髄は、他者も含めた世界全体の苦楽に関わっていくものであり、自分一人だけの救済を目指すものではない」

これは天台宗や真言宗をはじめ、全ての僧侶たちに共通するところでした。なにせ、仏教は「慈悲の宗教」です。「慈悲」を言い換えれば「抜苦与楽」になります。僧侶たちにとっては、人々の苦しみはすなわち自分の苦しみであり、人々の喜びが自分の喜びなのです。

ですから、僧侶たちの集中は、「弱者と関わる場」において発揮されます。「一隅を照らす」を説く最澄さんの優しく堂々とした姿も、「悪人正機」を説く親鸞さんの潔く清々しい姿も、それぞれの宗派の僧侶たちに受け継がれていることでしょう。

私は、日本昔話を題材にし、禅僧たちにそのエッセンスを語ってもらう活動もしています。2022年に『日本昔話で学ぶ心のあり方』という本を、京都の妙心寺派の和尚たちと出版しました。

その中で、大雄院の石河法寛和尚に『笠地蔵』を題材に「禅の無心」について話を聞きました。

この物語の前半のクライマックスは、おじいさんが自分の手ぬぐいをお地蔵さんにかぶせるところでしょう。このシーンに見られる「無心」について、石河和尚は以下のように説いています。

「使い古したボロの手ぬぐいでも、おじいさんにとってはとても大切なものだったでしょう。しかし、それはお地蔵様に渡すことができるものだったんです。その結果、お地蔵様たちがどのように思うかは、おじいさんは考えていません。即座に、パッと動いたんです。『しなければならない』から動いたのではないのですね。『あれ、笠が足りない。じゃあ手ぬぐいだ』って、ここにためらいや不安などありません。

おじいさんにとって、笠は代わりがきくもの、手ぬぐいは代わりのない大事なものだったんです。きっと、汗の染み付いた、ツギハギでボロボロの手ぬぐいだったのでしょう。でも『汚い』なんてものではありません。丁寧に大事に使い続けた証です。もう捨てるものだから、という気持ちで差し出したのではなく、おじいさんは、とても大事なものをお地蔵様に渡したのです」

石河和尚の話には2つの要点があります。「即座に、パッと動いた」と、「自分にとって最も大事なものを差し出した」ところです。おじいさんには、打算も野心もありません。だから即座に動けました。

その結果、自分にとって最も大事なもの、つまり自分自身を差し出せたのです。これが「無心」といえるでしょう。

禅僧たちは、どのような仕事に関わるにせよ、「自己とは他者を含んだ自己」であることを心得ています。

一般的な仕事に従事していても、「動く前に計算する」などという習慣をなくすことが無心の体得につながるでしょう。「自己」「他者」「社会（会社）」を意識しないままに、それらに関わり、それらの関係を保ちながら自由自在に活躍することです。

一方で、マインドフルネスには「他者との関わり」がありません。

ストレス社会の中では、「他者」というものが「氾濫する情報」として襲いかかってきます。だからこそ、この「他者」から身を守らなければなりません。

強制的に反応してしまう環境下では、「関わり」が支配と抑圧の力を持ちます。ですから、「関わり」もまた、自分に適したところまでサイズダウンしなければなりません。マインドフルネスは、そのための集中を手段とするプログラムなのです。自分の身体や呼吸に集中することで、意識が奪われ、意識が拡散してしまうのを防ぐことができるのです。

第6章

日常に禅とマインドフルネスを取り入れる

さて、実践という点ではここまでで、2章と4章で坐禅とマインドフルネス、それぞれの基本的なやり方をお伝えしました。集中力を高め、時には目の前のものに没入するためにはこれらの瞑想を習慣化していく必要があります。

ですが、いきなり瞑想だけをやるのではなく、日常生活の中で「身体を動かす動作」によって禅とマインドフルネスを取り入れることを、私はおすすめしています。なぜなら、身体を動かす動作は、自分の心を一か所に留めることにつながっていくからです。

ランニングや登山などにはまる人がいますが、ただ身体を動かしたいだけではなく、身体を動かすことで思考がすっきりしたり、心がしずまることを求めているのではないかと思います。

日々やることはたくさんありますよね。その作業を、どのような態度で行うか、検討してみましょう。ここでは、「これは禅の教え」「これはマインドフルネスの思考」など、前もって分けてご紹介することはしません。それぞれのマインド、世界観を併せて日常に取り入れ、意識を変えていきましょう。

具体的にどのように取り入れたらいいか、アドバイスをしていきます。

料理

私たちは勝手に心配の種をふくらませている

食事とは、一日の中で誰にでも訪れる機会ですね。もしあなたが料理をするならば、「今」に意識を向け、集中を高める絶好のタイミングです。

まずは、「自分は頭の中の情報にとらわれている」ことを意識しましょう。

食事を作る、または食べる際に、「栄養があるものでなければ」「野菜がないとダメ」「高カロリーは避けたい」などの考えを、前提として持っていたりしないでしょうか？

そこで、「健康には魚がいい」「甘いものは控えよう」といった具合に、献立を考える際、または食べるものを選ぶ際にも、無意識に工夫を凝らすのです。

しかし、このとらわれた思考こそが、容易に過度なストレスに変化します。気づかないうちに、「こうでなければ」という思考に沿って行動するようになり、本来持っている自分の感覚を感じ取ることが難しくなっていくのです。

もちろん、正しい食の情報や、偏りのない食事は大切ですが、自分自身の感覚に立ち返ることも大切です。まずは、とらわれている自分に気づいてください。

「あるもので」何とかする

禅寺でいただく、肉や魚などの動物性の食材を用いない「精進料理」は有名ですね。ただひたすら量や味を求めることは煩悩につながります。精進料理は修行の一環であることはよく知られています。

「なぜ精進なのか?」には、多くの理由があります。その一つが、日常にも生きてきます。

禅僧たちは、料理をする際、野菜中心の菜食しか使えないという制限があることを苦痛ととらえたりしません。限られた条件の中でいかにしてみんなに美味しい料理を食べてもらうか、その可能性を見出すことを考えます。与えられた条件に苦痛を感じるよりも、楽しんでいるのです。

現代人は、「すべてが用意されていないと何もできない」、あるいは「何かをするためには、必要なものを揃えなければならない」と思い込んでいます。

これは集中力にとってはマイナスとなる思い込みです。「なくても何とかする」のです。

この集中を養うために、炊事は最適なのです。日常の料理では、「あるもので」から始めてみましょう。

「あるもので」手を抜かず、美味しい料理を作ろうという日々の姿勢は、必ずやあなたの「集中力」を高めていくでしょう。こうして、「料理の腕前」だけではなく、「仕事の集中力」もアップしていくのです。

食材の命の存在に気づく

まさに今、手にしている食材に感覚を向けましょう。食材を洗う、皮をむく、切り分ける、火にかける。一つ一つ工程を踏んで、調理が進んでいくことに集中してみましょう。

現代では、「すぐに食べられる」状態で売られている食材がたくさんあるので、食材の命を感じることが難しくなっています。

食材の柔らかさや色、匂いなどの変化を感じ取りながら、調理をしていますか？ 食材の個体差に気づいたり、温度や質感を感じてみたり、じんわりと出てくる汁なども感じ取ってみましょう。

変化に気づくことは、集中しているということです。

「時短」とは時間に縛られること

ぜひ、丁寧に調理をしてください。「丁寧」の対極にある姿勢が「ごまかし」です。

流行の時短料理がありますが、これは「丁寧でなくてもいい」ということではありません。ネットやSNSでは、「『時間がない』という悩みに応える」というキャッチコピーをしばしば見かけます。ですが、「時間がない」というのもまた、自縄自縛なんですね。そのフレーズにあおられて、心が縛られているのです。

「たった5分」「パパッと」「やる気ゼロでも」「スキマ時間で」「面倒なし」、これらのフレーズも「丁寧さ」に欠くものです。

もしあなたが、日常や仕事や人生を充実させたいと願うのなら、当たり前のことを当たり前のようにやりましょう。炊事も同じです。

「面倒を厭わず、やる気を出して、下ごしらえもちゃんとして」料理をしてみましょう。

一日のうち一回でも、2日に一回でも、1週間に一回でもかまいません。

それを習慣にしていくのです。

下ごしらえを疎かにするから、時短が「ごまかし」になってしまいます。「急がば回れ」はこんな罠を的確に表現していますね。

忙しい時ほど、いきなり煮たり焼いたりするのではなく、下ごしらえを充分にしましょう。

その結果として、思わぬハプニングも減り、集中があちこちへ飛ぶこともなく、「時短になる」かもしれません。あくまで「かも」ですが。

ご存じでしょうか？　禅僧たちには料理上手がたくさんいます。なぜなら、先ほどもお伝えしたとおり、料理は集中するのにぴったりのシチュエーションだからです。

料理をテーマにした講演を頼まれたり、お店に呼ばれたりする禅僧もいます。そこまでなくても、各々の禅僧には「得意の一品」があります。というのも、「典座」という役目が禅宗の修行道場にあるからです。「典座」は雲水たちの食事を司る人です。

私の友人に、料理上手な禅僧の一人、京都の養徳院の横江一徳和尚がいます。横江和尚は「時短」自体への思い込みを教えてくれます。

初めから「時短」を狙ってしまうと、手間を省こうとします。それは時間に縛られることですし、料理への集中が削がれます。

「時短」とは、自ら工夫することで、「余分なことをしていないか」を見直しながら、結果として成り立つものです。

「時短料理」を迫られて、食事をお皿に乗せないまま出したりすることは、自分も他人もごまかすことです。それでは感謝も思いやりも美的感覚も生まれません。

料理は小さな成功体験の積み重ね

炊事に集中することで料理の腕前が上がりますが、「別に料理なんか好きじゃないし、上手にならなくてもいい」という人もいるでしょう。それは構いませんが、料理の腕が上がるだけでなく、料理をしている時の状態や感覚が、人間としての成長につながるのです。

料理は、小さな成功体験の積み重ねです。しかも、積み重ねた結果は、毎回作った料理となって現れます。頑張った分が、とてもわかりやすく返ってくるのです。

掃除

場所をありのままに見る

あなたは掃除をどのような気持ちでしますか？

多くの人にとって、掃除とは「しなければいけないこと」＝タスクになっているのではないでしょうか？　掃除が「面倒な仕事」「非日常な行為」になっているのですね。

掃除をすると決めたのなら、まず呼吸を整えて、その場所を眺めてみましょう。

ゴミやホコリを見つけましたか？　そのよごれを、これまであなたは認識していましたか？　思っていた以上によごれていたと感じるかもしれません。日々忙しくて時間に追われていたのなら、ホコリには気づいていても、見て見ぬふりをしていたかもしれません。

「嫌なことはすぐに済まそう」なんて焦ることなく、まずは掃除すべきところをゆっくりしっかり見ましょう。よごれていたことに気づいたら、「これまでありがとうね」という気持ちで取り組んでみましょう。

当たり前の空間の存在に感謝する

これには、ストレスを軽減させる作用があります。

なぜなら、普段の生活では無意識になっている、当たり前のものに対する感謝が現れるからです。場所にも人間にも、用意された当たり前などありません。

当たり前の存在に対する感謝の気持ちがないと、自分にないもの、自分が劣っていることばかりに意識が向くようになり、それは不安や葛藤につながります。強いストレスにつながります。

炊事も掃除も、当たり前の存在に対して無意識に過ごしてしまっていることに気づく、よい機会です。

「ここが自分が使う場所として当たり前にあるのではない」という感謝の気持ちを持って取り組みましょう。当たり前のようにあることは、それだけ当たり前のようにあなたを支えてくれていたのです。そのようなものにこそ「ありがとう」の気持ちを向けてみましょう。

きれいになっていく変化とともに心の変化に気づく

掃除中は、料理と同様、今行っている動作に意識を向けましょう。床をふいている時の手の感覚、きれいになっていく変化、掃除した場所の光の反射などを感じてみましょう。次にやるべきことなどは忘れてください。

掃除は、その実践を通した中で心の変化を感じ取れるプロセスです。

掃除をしている手や雑巾は汚れていくでしょう。しかし、あなたの心はどうでしょうか？ だんだんすっきりしていくでしょう。心地よさや晴れやかさを感じる時もあるでしょう。その集中の実践は、仕事においても応用できます。

掃除が嫌いで苦痛になる人もいるかもしれませんね。そんな自分を否定することは無用です。そのような気持ちでも、掃除という行為に自分が最大限向き合えたということを認めましょう。

トイレ掃除の習慣が教えてくれるもの

誰かが自宅を訪問してくる時、あなたは優先的にどこを掃除するでしょうか？

大半の答えは「玄関」ではないでしょうか。

玄関には、家人の気持ちが現れます。靴がきちんとしまわれ、すっきりとしていて、塵がない玄関には「歓迎」の気持ちを感じるでしょう。

そしてもう一つ優先するならトイレです。


さて、もう一つ質問します。家のどこかを掃除しなければならない時、できれば他の誰かにやってもらいたい場所はどこでしょう？

ちょっと誘導した感じが否めませんが、トイレが最有力でしょう。


トイレは「不浄」とも呼びます。この漢字が示す通り、トイレは「清浄ではない場所」です。排泄をする場所ですから、まぁ当然でしょう。しかし、清浄ではなくても、「清潔」を保つことはできます。

誰もがやりたくないことを「当たり前のように自分がやる」、これが無心の入り口です。自分の立場が上だからとか、立場が下だからという理由など、掃除にはありません。

「やるかやらないか」という選択肢も、そもそもありません。理由も選択肢もないからこそ、無心になれるのです。

ちなみに禅宗の修行道場で、師匠たちが率先して掃除に励むのは、よく知られているでしょう。

自己愛の塊である私たちは、「やりたくない」理由などごまんと作れます。だから、やらない理由も、やる理由さえないほうがいいのです。「トイレ掃除」を習慣にしてしまいましょう。

四の五の言わず、身体が勝手に動いてしまう集中は、掃除を通して体得できるでしょう。だから、お掃除ロボットに委ねてそんなチャンスを逃してしまうのは、なんとも勿体ないですね。

雑巾がけで家の気持ちに触れる

さて、今時、雑巾がけを日常にしている人はどれ程いるでしょうか？　便利なお掃除ロボットが登場したこの時代だからこそ、雑巾がけを習慣にしていきませんか?

雑巾やほうきを使って掃除をすると、家の状態がよくわかります。しかし、お掃除ロボットに委ねていたら、家の気持ちに触れることができません。

雑巾がけをしていると、思わぬところにある傷を見つけたりします。すると、自然に「ありがとうね」と口から漏れ出てくるのです。掃除を通してキレイになるのは、家や部屋だけではありません。

「ありがとうね」と思わず口をついて出てしまったとき、それは私たち自身がキレイになっていることの証になるのです。

レジャー

思考の粘着性に気づく

会社から休暇はもらっているけれども、頭は仕事のことを考えてしまう、タスクが頭から消えない、と悩む人たちが多くいます。この頭の中の切り替えができなくて、自律神経系の働きを乱し、体調に問題が出てくることも往々にしてあります。

レジャーの最中という、空間も時間も仕事とは切り替わっている中で、仕事のことや考え事が出てきてしまうというのは、思考の粘着力が強いからです。

ここで、「仕事のことを考えてはダメだ」なんて禁止しないようにしましょう。思考は抑圧すればするほど、頭から離れなくなってしまいます。そもそも人間は、そして現代人はさらに、「何もしない」「何も考えない」が苦手です。たとえそれが、自分にとってストレスの種となることがわかっていても、考えたくなってしまうのです。考えたくなってしまう自分に「気づいて」ください。

自然など、非日常な空間へと身をおく

部屋の中に閉じこもって、自分の力だけで思考をコントロールし続けようとするのは、単なる耐久レースになってしまいます。だからこそ、せっかくのレジャーなら、自分の五感が開きやすい環境や、非日常な環境に身をおくことが推奨されます。一番

わかりやすいのが自然です。

「書を捨て、街に出よう」ではありませんが、「スマホを捨て、自然に身をおこう」というのを提唱したいと思います。

自然は、五感を働かせる力に溢れています。それは、説明しなくとも、誰もがなんとなく感じているはずです。

仕事場では、メール、チャット、資料など、言語化された情報ばかりが飛び交いますね。しかし、自然の中での、言語化されていない情報を受け取る。自然に身を任せることで、普段使っていない感覚を再稼働させられるのです。

ちなみに、近頃では、タイムロッキングコンテナと呼ばれる、スマホをケースに入れると、設定した時間が経過するまで開けられないようにして、強制的にスマートフォンから離れるようにするグッズが市販されているのをご存じでしょうか。スマートフォンによって集中が削がれているという認識があれば、こうしたグッズに頼ってみるのもいいでしょう。

自然以外のレジャーが好きという方もいるでしょう。映画やショッピング、読書や食べ歩きなど、色々ありますね。

どのレジャーにおいても五感を使いましょう。

もし自分の頭が、その瞬間に取り組もうとしているものに向けられないようなら、思い切って新しいことにチャレンジしてみるのもいいでしょう。

新しい取り組みでは、誰もが初心者です。初心だからこそ、そのことだけに意識を向けて真剣になれるでしょう。

レジャーに目的や結果を持ち込まない

外来語「レジャー」は、日本語では「余暇」になるでしょう。「暇」に対する誤解があるので、まずはここに注目しましょう。『常用字解』(白川静著)を参照します。

「暇」は「日」と「叚」が組み合わさってできています。「叚」について、「まだみがいていない原石のままのもの」と解説されています。これはつまり、未知数のものであり、「遠い、大きい」などの意味を含んでいるようです。

「原石」は、磨かなければ何ものになるかわかりません。何が出てくるかは、磨いてようやくわかります。「暇」も同じです。

「自由」は「自分に由来する」と書きます。レジャーは、「何もするべきことがない」からこそ、自由なのです。「原石」である「暇」の使い方で、宝石になるか石くれになるかが決まります。だから、「暇」はだらけて潰すものなどではありません。「暇」は集中を楽しむ人にとって最高の状況なのです。

「自然」は「自ずから然り」と書きます。これは、自分の思うようにはならないことを意味します。レジャーという言葉の本来の意味から考えて、「予定通りにいかないという予定」で行われなければなりません。また、「自ずから然り」は「どうしようもない」と言い換えられます。「どうしようもない」ことがあるのが「自然」です。この「自然」を楽しめるかどうか？　楽しめる人は「無心」に近づいているでしょう。予定通りにならないことに腹が立つのであれば、この「予定」なるものを見直してみましょう。

自然に身をおけるレジャーといえば、ブームになっているキャンプもそうですし、登山、釣り、サイクリング、海水浴などもあります。レジャーの楽しみには、「自然に身をおく」意味と、「自分の思うようにはならない」意味の2つの価値があるのです。

自然の摂理を体感すれば、「思い通りにはいかない」ことの大切さに気づかされるでしょう。「思い通りにはいかない」ことが、無心になるためのヒントになります。想像してみてください。思い通りにいくことばかりだったら？　あらゆることに正解があったとしたら？　それは大変退屈で窮屈な世界になるでしょう。「思い通りにならない」からこそ私たちは自由になれるのです。

「無目的」もまた、「暇」の成り立ちに関わります。予め暇に目的を設けることは、何ものになるかもわからない原石に、予め「何ものか」を決定してしまうことです。そうすると、「何ものか」だけに意識が止まってしまいます。「ダイヤモンドになるはずだったのに、サファイアでがっかりだ！」なんて、本末転倒。こんなレジャー下手にはならないようにしましょう。暇は「目的」がないからこそ暇なのです。ただでさえ仕事で「目的」や「結果」によってストレスを増やしているのに、レジャーにもそれらを持ち込むのは、害でしかありません。

仕事場

俯瞰して自分の領域を確認する

意識を変える「日常における行い」、最後のシチュエーションは「仕事」です。

会社勤めの方であれば、一日の大半は仕事をされていると思います。ですから、仕事場こそ禅、そしてマインドフルネスを生かし、集中できる快適な環境にするべきです。仕事場のありさまは、集中のスイッチ・オンに大きく関わってきます。学生の方は、日常的に勉強する場所（自室や予備校の自習室）などに置き換えて読んでいただけると幸いです。

ちなみに、「仕事場」という言葉には2つの意味合いが入っています。それは「場所自体のこと」と、「その場所の持つ空気感」です。

まずは場所そのもの、自分の領域を見分けましょう。

仕事場が片づいていれば、集中しやすい、思考が散漫になりにくいということは誰に対しても当てはまることでしょう。

とはいえ、一般的なビジネスパーソンにとっての仕事場は、自分だけの占有場所ではないという難しさがあります。どれだけ自分のデスクを片づけても、隣の上司の席には資料の山が置かれていたり、自席も汚されるときは汚されます。

ですが、多くの場合、集中が乱れるのは、自分ではコントロールできないものを意識しすぎることが原因になります。

どんな仕事場であっても自分の領域は存在します。まずは、自分で調整できる領域とそうではない他者や共用の領域を見分けてみましょう。自分の領域を確定し、その後、その領域の使い方を確認していきましょう。

これは集中力にとって大きな支えとなるでしょう。

仕事する空間＝自分の頭の中の状態

過去の資料は思いきって捨ててみませんか？　必要であれば保管すべきですが、今の時代はデータ化することが自分自身でできます。現実の場所は有限です。データとして残すべきか、物として必要か、今一度、見直してみましょう。

仕事場は、自分の頭の中を具現化しているといっても過言ではありません。仕事で使う道具は、あなたの頭の中の作業をサポートするためのものだからです。物が出しっ放しになっていることは、つまりあなたの頭の中もぐちゃぐちゃ乱れているのです。仕事場に秩序がないことは、落ち着かない状態になるのも当然です。

完璧である必要はありませんが、秩序をある程度まで作っておくことで、自分で自分の頭の中を散らかし、集中力も散らかしてしまうことを予防できます。

元に戻すという習慣

私の知人に、田川広一さんという日本に十人くらいしか残っていない和蝋燭の職人さんがいます。田川さんも、「集中」を「無心」と表現します。身体が勝手に蝋燭を作ってしまう状態のことです。

「無心」になるためには、何はさておき仕事場の状態が大事だそうです。だから、田川さんが欠かさずにしていることは、仕事場の後片づけです。

終わったら、必ず後片づけをする。どれほど急いでいても、深夜まで仕事をしてどれほど眠くても、後片づけをしないままでは終わらない。元ある状態に戻す。

「どうせまた使うじゃん」「また汚くなるじゃん」なんて言われようが、後片付けは必ずするそうです。そしてまた、翌朝から「新しい」気持ちで仕事を始める。

「元に戻す」という習慣は、集中のメリハリになります。もし今、あなたの仕事場が、あれやこれや何やらで「元に戻れない」状態になっていたら、長い間、集中できていなかった証拠になります。

だとしたら、まずするべきことは明らかです。集中しようと躍起になるのでもなく、集中できなかったことを悔いるのでもなく、仕事場を元の状態に戻すことです。仕事場が常にフレッシュであるからこそ、心もフレッシュでいられます。そして「無心」になれるのです。

日本のスポーツ選手や観客たちが、海外で賞賛されていますね。私たちには、使わせて「いただいた」場所を、使う前の「元に戻す」という風土があります。

これは、フィールドや客席への「感謝」を表す行動をしているのです。

五感を使って整理する

さて、あなたの仕事場をもう一度、見返してみましょうか。

適切な「整理」に欠かせないのが、「五感」です。私の仕事場は、私の色に染まっています。私が心地いいと思えるものが私の仕事場を構成しています。

五感に沿って、「色」「音」「匂い」「タッチ」（仕事場ですから、味覚はお預けです）で分類してみましょう。

私は、虫や風などの自然の音を好みます。だから音楽はかけません。窓を開けっ放しにしているので、自然そのままの風が仕事場に入ってきます。

私の仕事着は決まっています。コットンの生地、白色の上下のトレーナー。これは一種の戦闘服。

着替えもしないで仕事場でも寝巻きのままでいるのは、自ら「集中しません！」と断言しているようなものです。文房具を始めとする道具には、「使い勝手の良さ」という基準もありますが、それよりも「自分に馴染んでいる」ことを重視しましょう。

あなたには、どんな使い馴染んだ道具がありますか？　もし、今の仕事場になかったら、かつて学生時代に使っていたものを掘り起こしてみるのもいいでしょう。私は、学生時代から使っている旺文社の英和辞典があります。もはやボロボロで取り扱い要注意のものですが、仕事場にはシンボルとして置いてあります。

値段や希少性や流行などではなく、あなたの感覚を頼りにして取捨選択していきましょう。あなたが「ほっとする」場所にするのです。残された道具たちは、必ずや、あなたの集中の役に立ってくれるはずです。あなたの色に染められた仕事場になれば、そこに身をおいただけで集中のスイッチが入ることでしょう。

人との関係、ご縁に感謝する

さて、仕事場のもう一つの意味、その場所の持つ雰囲気や空気に関してです。人の悩みは8割が人間関係なんていいますが、つまりは人と人との関係、間柄、空気感というものが整っているということは、人の心の安定をもたらします。

それは結果的に意識の拡散と集中力の欠如を根本から予防してくれるものです。

空気感をよりよく保つために、ここでも「感謝」をきっかけにしてみましょう。

日々同じ目標に向かってともに過ごしている仲間。同僚、上司、部下、他部署、など関係性の複雑さもさることながら、マルチタスクが当たり前になった今、どうしても自分の知っている側面や偏った視点だけで物事を捉えてしまいやすいものです。

それは、自分に与えられた役割を全うするためには大切なことでしょう。

しかし、どんな仕事も、その仲間たちの支えによって成果が出ます。あなた一人で出せている成果はありません。

そしてその周りからの支えが強固なものであるか、脆弱なものであるかは、その人との関係性によるのです。もちろん支え方が強固なほうが、より早く、よりいい成果が出るでしょう。

そんな仕事場は誰にとっても心地がいいものですよね。

逆に関係性が良くなかったり、衝突やギクシャクしたものになってしまうと、「仕事場に行きたくない」という気持ちになるでしょう。とはいえ、同じ目標に向かっていても、立場や役割が違えば意見の相違はでてくるものです。

だからこそ、感謝と労いが大切なのです。その上で言葉をかけたり、言葉に耳を傾けたりしてみましょう。

言葉を発することも言葉を聞くことも、意識を変える実践となります。自分勝手な解釈や物の見方にとらわれると、感情が揺れ、冷静な判断ができなくなります。そうなると思っていないような言葉を発したり、自己都合の解釈をおし通したりするようになります。

私たちの関係は言葉に大きく依存します。しかし、あまりにも便利で簡単に使えるからこそ、私たちは無意識に言葉を言ったり聞いたりしてしまいがちです。ぜひ仕事場で、感謝の気持ちを意識し、言動に今この瞬間の気づきを持って取り組んでみてください。

任せられるからこそ無心になれる

仕事場における意識を変える日常の行いの最後は、自分自身に関することです。

「無心」には「お任せ」の面もあります。

仕事において、過去の失敗を後悔することもあるでしょう。未来の成功を期待することもあるでしょう。後悔し期待するのが私たち人間です。

しかし、失敗や成功を握り込んでしまってはいけません。後悔や期待に意識を留めてはいけません。後悔や期待も、「お任せ」にしてしまえばいいのです。

「任せる」ということは、無気力や無関心とは、対極にあります。我欲によってさまざまなものをコントロールするのではなく、「任せられるからこそ無心になれる」。

これを意味する故事成語がありますよね。「人事を尽くして天命を待つ」のです。仕事に全力で集中しましょう。意識を向けるのは、自分の行動のみ。そして後は「お任せ」です。

「任せられない」人は、脆弱で、しばしば傲慢になります。それは自らの手で、自らを縄で縛るようなものなのです。

第7章

時間

「立ち止まり上手」になろう

ここまで、禅やマインドフルネスを日常に取り入れるきっかけや方法についてお話ししてきました。第7章ではさらに、「時間」という視点で禅とマインドフルネスを考えていきます。

「最短距離で、最速のスピードで、最大の成果」を出す。

流行の「タイパ」「コスパ」。

消費者を購買へと誘引する言い文句でもあり、ビジネスパーソンをあおる言葉でもあります。

この呪文が意識しないままに、私たちの思考に忍び込み、私たちの思考をコントロールしてしまっている。これが現代のストレスの元凶です。

「集中」をテーマにした本書の最大の役目の一つは、このトラップをあぶり出すことでしょう。本来、「集中」は「最短・最速・最大」とは無縁なのです。

臨済宗の僧侶で精神科医の川野泰周和尚には、この本を作るにあたって、大変、お世話になりました。対面でご教授いただくこと3回。川野和尚のお寺は横浜市磯子区にあります。私が住んでいる三浦市からも近いため、これまでもずいぶん、たくさんのことを教えていただきました。

川野和尚は禅とマインドフルネス両方に通じている方です。どちらにも精通しているのは実に希少です。そんな川野和尚が導き出した禅とマインドフルネスの融合点、「立ち止まる」についてお話ししたいと思います。

こんな場面を想定してみましょう。大事な仕事に車で向かっています。朝の準備に手間取り、約束の時刻が迫ってきています。すると、「蚊が！」さて、あなたはどうしますか？

❶気づかないふりをして運転に集中する
❷叩き潰すために蚊の動きに集中する

正解は、このどちらでもありません。蚊の動きに集中したら、それはもうよそ見運転です。また、蚊が目の前をブンブン飛び回って、危うくハンドル操作を誤れば思わぬ事故につながります。こんな思考実験をしていましたら、川野和尚は一言、「車を停めましょう」と言いました。

私自身、「❶か❷」のどちらかに縛られていました。実は第三の選択肢があったのです。蚊からも運転からも意識を離さないとダメなのです。どこか適当な場所を見つけて、車を停めて、蚊を車の外に出してしまえばいいのです。

無論、このシーンは私たちの日常生活の仮想です。「最短・最速・最大」にあおられながら走り続けるは危険です。まず「立ち止まる」。アクセルよりもブレーキのほうが、運転には重要なのです。

「時速150キロで集中しろ！」なんてのは、大抵の人には無理難題でしょう。しかし、ブレーキをかけて立ち止まることは、誰にでもできます。

現代のビジネスパーソンが、最も意識すべきは、「立ち止まる」ことです。

「立ち止まれば負け」「立ち止まるは恥」。こんな強迫観念が外からも内からもムチ打ってきます。でも、この痛みをあなたが感じたのなら、今こそチャンスです。

「そんなに急いで、どこ行くの？」

頭脳は無数の答えを作り出します。身体にウソをつき、取り繕います。しかし、身体は正直です。身体に正直になりましょう。

そして、何をさておいても、立ち止まってみて。そして、これまでの仕事のスピードとボリュームを見直しましょう。

「最短・最速・最大」など、ただの刷り込みです。そんなものは、適当にあしらってしまえばいいのです。自分のペースやサイズにふさわしくなければ、それは苦痛になります。自分のペースやサイズを知ることで、むしろより自由に、より快活に集中できるようになるでしょう。

そちらのほうが、走り続けることよりよほど大事です。

誰でも、勢いに呑まれてしまうことがあります。頭では、その「正しさ」の答えを無数に用意するはずです。しかし、身体の答えは一つ。

「急がなくても歩いていける」

身体の声に素直になりましょう。

旅は好きですか？　旅とツアーには、大きな違いがあります。弾丸ツアーという形容があるように、ツアーは時間に縛られています。集合時間に遅れることは許されません。

旅は自分を確認する好機。「立ち止まる」ことの一種です。第一に、集合時間や集合場所から解き放たれましょう。そうしてようやく、自分を整え、省みて、自分を新たにすることができるのです。「我欲から本来の自分を引き離し取り戻す」ことができるのです。

川野和尚に代表されるように、「立ち止まる」を大事にしているのが禅の教えです。この本を書きながら多くの和尚たちに話を聞きましたが、禅の代名詞ともいえる坐禅を通して、彼らは「立ち止まり上手」になっているように感じます。そして「立ち止まり上手」だからこそ、集中上手にもなっているのです。

「日常に坐禅を」と教え導く禅僧もいますが、坐禅を習慣化していくのはなかなか大変です。現代の忙しいビジネスパーソンならなおのことです。私が禅僧ならこんなことはいえないでしょうが、「坐禅をする時間がなくても、立ち止まり上手になればいい」のです。

「立ち止まり上手」になることは、ひいては集中上手になることです。「ただ坐れ」が坐禅への望ましい姿勢ですが、そこもまた勘弁してもらいまして、坐禅の意義を4つ、分析し抽出しました。

デイリー・スケジューリング

まずは、デイリー・スケジューリングに焦点を当ててみましょう。ここには4つの核があります。

①「間をおく」

日中、そして就寝前に「間をおく」時間を持ちましょう。

②「改める」

起床時に「改める」ことが大切です。

③「整える」、そして「調える」

仕事終わりには、必ず「整える」。これなくして「集中」は体得できません。では「調える」のはいつでしょう？　自分の呼吸がサインになります。

④「省みる」

一日の終わり、リラックスしながら、一日を「省みる」ようにしましょう。「省みる」は「反省」ではなく「感謝」です。

この核を頼りにして、日々の集中を可能にするタイムマネジメントをしていきましょう。タイムマネジメントは、タイパ向上のためにするものではありません。あくまで集中のためのものです。

しかも、頭だけで理解した、概念的な悪しき集中ではなく、あなたにふさわしい「よき集中」でなければなりません。「間をおく」、「改める」、「整える」、「省みる」この4項目を意識し、予定が入るよりも先に、手帳やスケジュールアプリに書き込んでおいてもらいたいものです。

①間をおく

「間」といえば、私たち日本人とっては日本家屋が最もイメージしやすいのではないでしょうか。日本家屋は「間」だらけです。土間に居間、板の間にお茶の間。

昨今はあまりなくなりましたが、日本家屋を象徴する「日本間」は、用途が決まっておらず、客間にもなれば寝室にもなれば書斎にもなります。一方で西洋の家屋の部屋は、全て役割が明確に定められています。ですから、日本間のように、状況に応じて「何にでもなれる」ことはありません。寝室で食事をするなど、言語道断でしょう。

さて、この「間」が、日本文化の思想にもなり、禅の要諦にもなっているのです。

禅的な生活においては、坐禅が「間」の一つと言えるでしょう。もちろん、坐禅には修行という大義があります。しかし、私たち一般人にとって、坐禅の意義は、「間をおく」時間を積極的に作ることにもあります。マインドフルネスでは「スペースを取る」と表現が変わりますが、内容は同じです。

世田谷の龍雲寺の細川晋輔和尚は、「間をおく」ことの大切さを句読点でたとえています。

句読点がなく、「間」のない文章があったとしたら、あなたは読めるでしょうか？文章という流れのためには、この一見なくてもよさそうな「間」が不可欠なのです。朗読においても、「間をおく」ことが重要ですね。猛烈な早口で息つく「間」もなく読んでしまっては、情緒も何もなくなってしまいます。「間」がないと聞いているほうは、たまったものではありません。もちろん、読んでいる本人も、早々と息が切れてしまうでしょう。

東京は調布にあります源正寺の永井宗明和尚によれば、「間をおく」ことは、観察においても大切だと言います。

例えば絵の鑑賞ですが、離れたり近づいたりしますよね。近くで見るほどいいというわけではありません。間を作ることで、絵の鑑賞に集中できるのです。

この間を、意識に置き換えてみましょう。

何かに集中していて、意識が離れそうな時、離れないようにはしません。むしろ離れさせるのです。これが「間」になります。間をおけないまま仕事している人は、おそらくフリをしてごまかしているだけでしょう。他人だけでなく、自分もごまかしているのです。

「間をおく」ことは「集中が途切れる」ことではありません。集中を自由に、新鮮に保つために欠かせないものなのです。

そういえば、コロナ禍によってオンライン会議が常態化してきました。流行当初では、このオンライン会議が「楽」という声が聞かれましたが、今はどうでしょうか？

むしろ「疲れる」という声が多くなっています。なぜなら、「間が持てない」からです。現場の会議では、ある程度自由裁量で「間」が持てたはずなのですが、オンラインでは、どうしても画面に映る顔に意識が奪われてしまいます。そうすると、画面から顔を離すことができなくなってしまいます。これが非常なストレスを生むのです。

さて「間をおく」ことが大事である説明は、そろそろ控えましょう。説明にも間がないと「間抜け」な文章になってしまいますからね。

一日の中では、昼と就寝前に間を置きましょう。この2つの時間で坐禅をしても、マインドフルネスを行ってもいいのですが、ビジネスパーソンにはなかなか難しいことでしょうか。

「昼間」に、シエスタを推奨する企業も出てきています。海外には、伝統的にシエスタをする国もあります。シエスタとは、「間をおく」ことです。どのような間をおくか、あなた次第です。あなたの心身が自由になれる、そしてリフレッシュできるような間にしていきましょう。

「就寝前」には、どう間をおきましょうか？　リラクゼーション瞑想などがありますが、どのような間にするかは、これもまたあなた次第です。私は学生時代から、就寝前には漫画を読むようにしています。しかし、漫画によって心身がリラックスしていく人はあまりいないようですね。

必ずしも坐禅やマインドフルネスである必要はありません。自分にとって間をおける時間を作ってください。

②改める

「改」という漢字には、「改革」とか「改善」などに見受けられるような、いくばくかの緊張感があります。

しかし古くは、「あらためる」は「新たにする」を意味していました。『源氏物語』では、「狩の装ひなどにあらため給ふほどに」や「水の趣、山のおきてをあらためて」のような用例があります。どちらも「新しくする」ことを意味します。ここでいう「改める」は「自分を直す」ことよりも「自分をリフレッシュする」ことを意味しています。

ところで、「心をリフレッシュしよう」としたら、あなたは何をしますか？

例えば、窓を開けて新鮮な空気を吸うなどが挙げられるでしょう。

当然、リフレッシュという行動によって心はフレッシュになります。それによって集中も新鮮な状態であり続けられるでしょう。しかし、いきなり心に腐心するよりも、動作や行動、つまり習慣をリフレッシュしてみましょう。

起床したら、カーテンと窓を開ける。空気を入れ換えましょう。そして、ベッドを整え、寝間着から即座に着替えてしまいましょう。顔を洗って、歯を磨きましょう。「寝起きが悪い」というのは、ただの言い訳と習慣です。言い訳もできないまま身体が目覚めるような習慣を、身体に教えてしまうのです。

身体がフレッシュになれば、心もフレッシュになります。集中は脳でコントロールするものではありません。身体で覚えるものなのです。

日中にも一度「改める」をするといいでしょう。身体がリフレッシュできるような行動をしましょう。軽い体操が推奨されますが、顔を洗うなどでもいいですね。

③整える・調える

「仕事が終わった！　すぐに帰ろう！」では、翌日の集中に障りが出ます。第6章の「仕事場」でも触れましたが、仕事場を必ず整えてから、会社を出ましょう。「整える」習慣がなくては、集中は体得できません。

さて「整える」ところとしては、今お話ししたようにまず「仕事場」や「自分の部屋」が最もイメージされるでしょう。他には、「衣服を整える」「髪を整える」「列を整える」などがありますね。

「整備」も「整える」の一つです。

乗り物には「整備」が不可欠です。特に、飛行機やバスのような、大勢の人間を運ぶ機材では、整備不良はそのまま命取りになります。飛行機が着陸した後には必ず整備の時間があります。時間が遅れているからといって、「整備パス！」とは、絶対になりません。

各部の点検をして燃料を入れて、いつでも飛び立てる状態になって、そうしてようやく、次の目的地へのフライトが可能になるのです。

人間の心身も、十分に整えていきましょう。整っているからこそ、いつでも飛び立てるようになるのです。

さて、ここまで「整える」と書いてきましたが、より重要なのは「調える」です。禅において用いられるのは、「調える」です。そして坐禅では必ず、「調息、調身、調心」と指導されます。

「整える」では、「正しく揃える」という意味合いが大きいですよね。一方の「調える」が重視する意味は「正しく」ではなく「バランス」なのです。坐禅で「ととのえる」のは、心身の「バランス」「釣り合い」なのです。そして、ストレス社会においては、心の不調が取り沙汰されますが、それ以前に、現代人が不調なのは、身体と呼吸です。

悲しいことに、現代人は呼吸が下手になっています。パソコンやスマートフォンを頻繁に使用すること、そして、居住空間ではソファがメインに変わったことにより、日常の姿勢が前かがみになり、背中が丸まっている状態でいることが多くなりました。この姿勢では、横隔膜を上手く使えなくなります。その結果、呼吸が浅くなってしまうのです。

ここで「調える」が大事になります。まずは「身体を調える」。そして、「呼吸を調える」のです。

呼吸で意識すべきは、「吸う」より「吐く」です。緊張すると自律神経の一つである交感神経が優位になり、リラックスすると自律神経の一つである副交感神経が優位になります。

そして、息を吸うときには交感神経が、吐くときには副交感神経が働きます。ということは、息を吐くことで身体はリラックスするのです。ですから、「息を調える」では、息を長くゆっくり吐くようにしましょう。

さて、「整える」タイミングは仕事終わりでしたが、「調える」タイミングは、あなたの呼吸が教えてくれます。

習慣にするために、トイレを利用してみましょう。トイレに行く時に、自分の呼吸や脈拍を意識してみるといいでしょう。

もし乱れているようなら、調身と調息の出番です。「今の姿勢に無理があるよ！」とあなたの身体が教えてくれているのです。トイレから戻るに当たって、姿勢を調え、そして呼吸を調えてみましょう。

④省みる

一日の終わりにリラックスしながら、一日を「省みる」ようにしましょう。

省みるとは、反省することではありません。仕事でのミスの原因を分析したりすることも時には必要ですが、毎日することもないでしょう。

一日の終わりでの「反省」は、安眠の障害になってしまいかねません。

私が主張する「省みる」の肝は、「感謝」にあります。一日の締めくくりに、「ありがとう」の気持ちを抱く。こういう姿勢が相応しいと思います。

禅僧たちのもとや、マインドフルネスのインストラクターのもとには、心療内科にかかるほどではない程度の問題を抱えた人たちが来訪します。

時々、専門医でも手に負えないダメージを心に負った人も来るそうですが、多くはまだ軽い状態。

私のバイク師匠である桐生市にある崇禅寺の岩田真哉和尚のところにも、仕事や子育てや親子関係でのたくさんの悩みが届くそうです。

彼らに真哉和尚が勧めるのが、一日終わりでの感謝の時間です。作法がありますので、お伝えします。

❶その日に出会った「感謝」を3つ見つける。
❷「ありがとう」と言いながら、ノートに書き留める。

❸同じ「感謝」は繰り返さない。昨日も今日も明日も、同じ言葉を並べるのは禁止。

「私だけの秘密の感謝ノート」などを作ってみるのもいいでしょう。親や子どもへの感謝、仲間たちへの感謝、仕事場への感謝、道具たちへの感謝などが書き留められていくでしょう。おそらく最初は、社会的に「感謝したほうがいい」とされているもので占められるかもしれませんね。

しかし、大切なのは3番目の禁止です。何日か過ぎると、「感謝したほうがいい」ネタがなくなってきます。しかし、ここまできて初めて、本気で気づいていけるようになるのです。きっと、あなただけの小さな感謝に気づいていくでしょう。

派手で盛大な「感謝」、誰もが認識している「感謝」は、あなた自身が心底、感じているものではないかもしれません。

「小さな感謝」に気づいていきましょう。探さなくてもいいのです。一日の終わりに振り返って、「あ、そうだった」と気づけばいいのです。こうして、日中の仕事への集中力がさらに磨かれていくでしょう。

仕事の相談に乗ってくれた上司、久々に再会して会話に花を咲かせてくれた友人。落とした財布を拾ってくれた知らない人、駅のトイレを掃除してくれていたおばさん。「ありがとう」のフィルターをかけて、一日を思い返してみましょう。

その日に辛い出来事や、凹んだことがあったら、早送りしてオッケーです。

そして、このノートにあなたが書き続けた小さな感謝は、あなたの仕事へのモチベーションを上げるだけではなく、あなたの人生を豊かにしてくれるでしょう。

本来、時間の流れはコントロールできるものではありません。しかし、それでもなお、私たちにはタイムマネジメントが要求されます。「流されて流れない自分」でなければなりません。社会からのリクエストには流され、応えましょう。そのためには流れない「根」が欠かせないのです。

釣りやバイクやサーフィンにも、競技的な側面もあります。しかしプロ・アマを問わず、それらを心から楽しんでいる人たちは、きっと「流れに身を任せる」ことが自然にできているのでしょうね。

第8章

逆境を越えない

「困難」の意味を変える

ここまで、禅とマインドフルネスの実践を通じて、集中の要所と筋道を伝えてきました。さて、私のもとには、こんな声が届くことが予想されます。

「坐禅ができたり、マインドフルネス・プログラムに参加できたり、そんな穏やかな状況じゃないんだ！」

アクシデントとトラブルがずっと続いている。失敗ばかりしているし、誰にも認められない。上司からの「結果」「結果」というプレッシャーがやばいし、同僚たちは「オレが」「オレが」なんてうるさいし、部下は「ムリ」「ムリ」と無気力。なんて、もう逆境にもほどがある状況の人もいるでしょう。

坐禅会に参加できる、マインドフルネスの実践ができることも、巡り合わせです。どれほどのストレスを抱えていても、それらができることは余裕のある環境とも、たしかにいえるでしょう。

どちらも基本的には、誰でも参加できます。それでもやはり、現実では、生活がある程度安定していて、心にも時間にもプログラムをやるための余裕があることが、始める条件になってしまいます。この条件を根底から覆すほどの困難な状況では、じっくりと体得していくプログラムは実践できないのかもしれません。

私にも、精神的に八方塞がりになった経験があります。予備校の講師をしている時でした。当時の私は中間管理職。上からの指示がダイレクトに届き、そして部下や新人たちへの教育指導もしなければなりませんでした。

当時、さまざまな事情があって学校は再生を期待される状況でした。種々雑多な経緯があったのですが、最終的に、私は上下左右味方ゼロ、四面楚歌になってしまったのです。

上司に意見を述べると「ではそうしてください」といわれ、了解を得たことを実行させても上司は責任を取らず、部下は気力散漫で動かない。

そして「オレを見て」アピールばかりする同僚。元来、気が長くない性分なので叱咤が激怒になっていきます。しまいには、孤立無援になってしまったのでした。汚い言葉で何度、呪ったことでしょう。口には出しませんでしたが。

性分なるものは災いにも幸いにもなります。幸いにも、私はこの困難を転身のタイミングと意味づけられたのです。そこで私は、決めたことが6つありました。

❶今の仕事はすぐには辞めない。
❷しかし新年度になるタイミングで辞める。
❸もう一度大学に行く。
❹大学は学習院大学、学部はフランス語圏文化学科。
❺毎日、仕事以外は受験勉強をする。
❻誰にもこの決定を絶対漏らさない。

つまり、私は素知らぬ顔で講師を続けながら受験勉強を開始し、そして翌年、合格の報告とともに、退職願いも提出したのでした。

さて、この大きな葛藤の中で、「自らの本分とは?」と自問し、余分なことをどんどん削っていきました。その答えが「哲学」だったのです。

仕事もしながら受験勉強もしていたので、それなりに酷烈な日々を送り続けたのですが、精神的にはすっきりしていました。余分なストレスから解放されたのです。

その時の自分を振り返ると、誰にも相談しなかったわけですし、その選択が正しいことを保証する人など皆無だったわけですし、「自分を信じる」しかありませんでした。

でもだからこそ、ストレスも変化していったのです。ストレスが、気力を抑圧するものではなく、気力を充実させるものに変わっていきました。

この数ヶ月で、私は「自分」と「自信」を取り戻しました。当時の私は、まだ参禅をしていません。もちろん、マインドフルネス流行以前のことでした。

しかし、この転身を後から分析してみると、禅の教えに通じる選択だったのです。なぜなら、私の行動には、禅が伝える2つのエッセンスが認められたからです。

・「無所得」

・「両行」

この2つです。

おそらく、大逆境になってしまうまで、今の職場で根気強く頑張れるみなさんのほうが、私より何百倍もまじめなのでしょう。集中力を何とかしたいとこの本を買われたあなたも、すでに自分の弱点を見つめ、改善しようとしている証です。

しかし、「困難」なるものは、受け身でいると、どこまでも苦しみ続けます。だから、「困難」の意味を180度転回させてしまいましょう。

「困難」から逃げるのではなく、がむしゃらに「困難」に立ち向かうのでもなく、ただ「意味」を変えてしまうのです。

私が決めた6つのように、あなた自身で「困難」の内容を決めてしまうのです。

大逆境は覚醒のチャンスです。あなたが本気になれる仕事、それを「仕事道」とするなら、その道は誰かが用意したものではありません。「武道」「茶道」「華道」に通じる道です。「無心」と「自由」の道に入っていくチャンスです。この機会を捕まえましょう。

ところで、私が置かれた困難さに、「まだまだぬるい！」なんて印象を持たれる人もいるでしょう。

では、最後の砦と言ってもいい、禅が導く究極の教え「無所得」と「両行」から、困難を突破する集中力のエッセンスをご紹介します。

無所得

さて、禅には「無所得」という教えがあります。そして「無所得」は「無住」という言葉とセットで伝えられます。

鈴木大拙先生は、「近ごろのわれらの生活というものは、何も彼も効用とか、功徳とか、効能、能率とかいうことばかりを、やかましくいうている。ことに能率能率といっている」と憂えています。

現代人は効率、評価や生産性、目的など、持ち物が過ぎている！　もっと身軽になれないだろうか？　と大拙先生は激励しています。

「近ごろのわれら」と先生は言っていますが、この講演があってからすでに70年以上が経っています。その後、私たちは、効用、能率に加えて益々多くのものを抱え込むようになりました。インターネットなどは、この頃にはなかったわけですしね。

禅僧たちは「応無所住、而生其心」を好んで使います。「まさに住するところなくして、その心を生ずべし」と読みます。住むところが無い、所得するものも無いからこそ、心が生まれるのです。この心は、「道」とも言い換えられるでしょう。

歴史上、「無所得・無住」を精神面だけでなく、現実的な活動においても重視した名僧たちが数多くいます。誰もが知っている一休さんもその一人です。他には、先に紹介した至道無難和尚がおります。寺院や地位に縛られることを峻拒し、自由闊達な禅道を貫きました。

禅の「無所得」、「無住」は、西洋哲学の「所有」概念に通じます。

「所有」が哲学的なテーマになる時には、たいてい批判的に使われます。「所有」は人間本来の活動を束縛するからです。私たちは、何かを得れば、必ずそれを失うことを恐れます。そして、私たちの意識が「失わないこと」へと限定されていきます。本来なら磨かれていくべき「存在」が、「所有」に拘ることでどんどん壊されていくのです。

あなたは、何を所有していますか？　賞賛される成功や武勇伝ですか？　それとも抜群のキャリアや社会的地位ですか？　自慢できる肩書きですか？　あるいは、自分らしさですか？　「ありのままでいたい」なんていいながら、「ありのまま」という言葉に縛られていませんか？

もしかしたら、身体も所有物にしていませんか？　あなたの心、プライドや誇りも、あなたの持ち物にしようとしていませんか？

成功を抱え込む人は、失敗を呼び込んでいることに気づいていますか？　生産性や効率を好む人は、同時に、自らトラブルやアクシデントを引き寄せていることに気づいていますか？

昭和平成の名僧、河野太通老師は、「得ては捨て、得ては捨て、握りなさんな」と私たちを諭しています。

「無所得」の心構えは、「何も持つな」と命じるのではありません。得てもいいのです。しかし、「握り込むな！」と激励するのです。

握り込むほど、ストレスが増えていくからです。握り込むほどに、心は重くなり、縛られ、そしていずれは活力を失ってしまうでしょう。得るのは仕方ない。持ってしまうのも仕方ない。ただし、グッと握り込まなければいいんです。

きっと、誰もが良い結果を持ち続けたいはずです。それを仕事のモチベーションにしたり、自慢のネタにしたりするのも、うなずけます。しかしそのクセは、悪い結果も握り込むクセでもあるのです。

太通老師は、「良いことさえ放つんだ。そこへドンと座り続けるから自由になれないんだ」と叱咤しています。

あなたがもし、過酷なストレスフル状況から解かれたいのなら、これまであなたが握り込んでいたものを捨ててみませんか？　自慢していたことすら、賞賛されることすら捨ててしまうのです。

私も八方塞がりだった現場を去るにあたって、数々のものを捨てました。年収を捨てたのは影響が大きかったです。

以後、今でもなお、不安定な収入は私を悩ませ続けています。

肩書きも名刺も捨てました。もちろん、交友もずいぶん減りました。

「何もかも捨ててしまえ！」というのではありません。私たちは「無所得」であると覚醒すればいいのです。それによって、自分がどれほど余分なあれこれにとらわれていたか、気づけるでしょう。「守るべきものなどない！」と腹を括れば、その副作用として、本当に守るべきものが見えてくるのです。

大いなる逆境は道を見出す好機です。あなたが本当に守るべきものは何ですか？

今こそ、あなたの自信を取り戻すタイミングです。じっくり腰を据えて考えて、自分を見つめてみてください。

両行

「両行」という視点から、私の好きな日本昔話「わらしべ長者」の行動を見てみましょう。

「わらしべ長者」はビジネスシーンでも好まれる物語です。なぜなら、ここには成功者になるヒントがあるからです。物語を締めくくる「この男は、金持ちになってからも、わら一本を大切にせよという観音様の言葉を忘れずに、一生懸命働いたので、ますます大金持ちになりました」、というメッセージは決定的です。

多くの人が卑しい、価値がないと見向きもしないこと。そのようなことも、丁寧にコツコツと積み上げていける人間に、お金も幸福もやってくる。それが成功の秘訣だと教えられるでしょう。

だからといって、なんでもかんでも捨てずに取っておくようになってしまっては本末転倒です。実は彼は、捨てながら捨てずにいたのです。それが、切羽詰まった状態から長者までの道のりでの彼の姿勢でした。

ある日、彼は観音様から「お前はお堂を出るなり、すぐに転びます。その時、手につかんだものを大切にして、西の方角に進みなさい。よいか、ゆめゆめ疑うことなかれ」とお告げをされました。

お告げ通りに、わらしべ長者はわらを持ちましたが、すぐに飛んできたアブを捕まえて、わらに縛りつけます。そして、「わら一本じゃ腹は満たされん。小判かにぎりめしならよかった」とぼやきながらも、お告げ通り、西に向かって歩き始めます。

その後、おばあちゃんにおぶられた赤ちゃんに会い、手にしていたわらを赤ちゃんにあげてしまいます。

物語の前半ですでにこの状態です。わらは後生大事に保管されることは全くなく、すぐに手離されてしまいます。その姿勢はラストまでまったく変わらず、彼はどんどん、手に入れたものを与えていきます。

与えるに当たって、見返りなど期待していません。

もし「わらしべ長者」が、観音様のお告げに従って、わらを絶対離さなかったら、彼は長者にはなれなかったでしょう。赤ちゃんも救えず、娘も救えず、馬も救えず、長者も救えません。誰にも感謝されないまま死んでいたでしょう。

「わらしべ長者」も、拙著『日本昔話で学ぶ心のあり方』で扱いました。この本の中で、京都の雑華院の朝雲素純和尚は、「流されて流されない」という心を教えてくれました。

「教えに忠実に『流されずに進む』ことによって、出会った人を突き飛ばして蹴飛ばして進んでは、元も子もありません。自分を守るためには他人を傷つけてもいいという理屈は通りません。自分を守るためには、他人も守らないといけません。

そして彼の流されない部分は、優しさだったり、考える前に助けてしまうところだったりするのです。こんな流されないところがあったから、彼の前半生はなかなか、辛酸に塗り尽くされてしまっていたようですが、その結果、彼は自分の流されないところがわかったのです」

「流されて流されない」は「人事を尽くして天命を待つ」からも学べます。「人事を尽くす」ところは流されず、「天命」には流されてしまいましょう。天命などわからないかもしれません。私もわかりません。

しかし、「これだ！」と自分が感じた天命を信じてしまえばいいのです。勝手に天命を決めてしまいましょう。天はそんな自分勝手すら、受け入れてくれるでしょう。

「流されない」という意識は、ストレスを大きく強くするでしょう。あらゆることが「流されない」ためになり、そのためには他人などどうなってもいいという姿勢になりかねません。そのような姿勢は、自分で自分の首を絞めるのです。

「わらしべ長者」の道行きは観音様のお告げがきっかけでした。観音様を信じる彼は、その言葉通り、「流されながら流されない」という両行を成し遂げました。

私の場合は、苦肉の策と言えるでしょう。現場では八方が塞がっている。だったらそこから出てしまえばいい。ただし勢いで脱出するのではなく、次の道への準備、そしてリベンジを果たす準備を万端整えてから、脱出しようというものでした。

当然、仕事をしながらだったのですべきことは増えましたが、精神的な負担はずいぶんと減りました。

さて、あなたは今、大いなる逆境の中にいます。心も身体も切羽詰まっているかもしれません。しかし、「窮すれば通ず」を体験するチャンスです。このチャンスは天からの恵みです。大拙先生は、『禅とは何か』で、そんなあなたにエールを贈っています。

「自力というのは、自分が意識して、自分が努力する。他力は、この自分がする努力はもうこれ以上にできぬというところに働いて来る。他力は自力を尽くしたところに出て来る。窮すれば通ずるというのもこれである。意識して努力の極点に及ぶというと、もうこれ以上できぬと思うところがある。ここに別天地が拓けてくる」

「なんでも自分でやる」というのは傲慢です。「すべては他人が命じるまま」は怠慢です。あなたは決して怠慢な人間ではありません。努力できる人です。

それはこの逆境が証明しています。ですからここから先は、自力の限界の先は、天に任せてしまいましょう。

無自覚な傲慢さから自分を解放できるかどうか、あなた次第です。

逆境を越えることは、「勝つ」ことと同じではありません。勝たなくてもいいんです。「勝ちは勝ち。負けは負け」は人為に止まるもの。ストレスを生む姿勢です。「負けるが勝ち」なんていいですね。

私の受験勉強集中法

私の学歴などはあまり公にしたくはないのですが、もしかしたら「勉強法」、特に「勉強での集中法」に役立つかもしれませんね。実際に、「どのように勉強していたの？」なんて聞かれること頻繁。「勉強法の本を書きませんか？」なんてオファーもありました（お断りしましたが）。

「集中」を扱う本書です。よい折なので、昔の自分を思い出して、どのように集中を自在にしていたのか整理してみました。

ポイントは４つあります。

❶ウォーミングアップをする
❷リフレッシュする
❸身に馴染む場所・モノを選ぶ
❹己を知る（1〜3の総合）

❶ウォーミングアップをする

アスリートたちは「ウォーミングアップ」を大切にします。それによって、体温が上がり、関節の可動域も広がります。ケガも減りますし、身体の能力が最大限に発揮されるようになります。

そして、集中は身体的な所作です。ウォーミングアップを参考にすると、どのようなメニューがいいか自ずと導き出されるでしょう。

ストレッチと表現されるように、コリをほぐすことが大きな目的の一つです。ですから、集中のウォーミングアップとしては、難しい課題ではなく、ストレッチのようにシンプルなメニューが推奨されるでしょう。

私は、集中のウォーミングアップを利用して、前日の復習や、暗記のチェックをしていました。

❷リフレッシュする

さて、先の章で「間をおく」という項目を紹介しましたね。

しかし、統計的な間をおくべき平均時間は導き出せても、それはあなたの間にならないかもしれません。最後に頼りになるのは、あなた自身の身体です。あなたの身体に素直になりましょう。つまり、集中が途切れたら、勉強（仕事）から離れるのです。頭だけで机にしがみついていてはダメです。我を張らないのが肝要です。

気力や意志力がないから集中できないのではなく、集中できないのは身体からのメッセージだとわきまえましょう。

「身体が不適当な状態だから集中できない」のですから、むしろそこに素直になったほうが、日々、集中が保たれるでしょう。

さて、間をおくことで勉強（仕事）から離れられますが、その間で私は何をしていたかというと、動物たちに会うことでリフレッシュしていました。

10代で大学受験をしていたころは、名古屋城が近くにあったので、お堀にいる白鳥やアヒルたちに会いに行っていました。

どのようにリフレッシュするか？　これもあなた次第です。99人が選択するアクションが、あなたにだけは不適当かもしれません。あなた自身で、あなたの身体に相談しながら決めていきましょう。

❸身に馴染む場所・モノを選ぶ

さて、「身に馴染む」とは、大きく「環境」と「道具」に分けられます。「環境」ですが、これまた身体同様に千差万別。私が最も長く続けた生業は教師業ですが、生徒たちのエピソードはなかなかユニークなものでした。

スターバックスを勉強場所として固定していた女子高生がいましたし、リビングで勉強する生徒や、図書館や学食で勉強する生徒も多数いました。野球部の部室というツワモノもいました。

勉強する場所はバラバラでしたが、共通しているところがあります。彼らには「身に馴染んだ場所」があったのです。

「決まった場所」には、「そこに入る」という意識内のイニシエーションが起こります。それによって、自動的に集中のスイッチが入るのでしょう。

私の「身に馴染んだ場所」は、とある予備校の食堂でした。利用者たちで混む時間帯以外は、そこで勉強していました。

「どの場所が自分にとって快適なのか？」。これもまた、本人の身体にしか答えられません。だから、探り探り、見出して行きましょう。

次に「道具」についてですが、私は滅多に文房具を変えません。馴染んだ筆記用具を使うことで、自然と集中のスイッチが入るのです。いわば、お守りのようなものなのですが、それらがあることで、安心するのです。

現代ではパソコンがありますので、手を動かさずに勉強（仕事）することも可能になりました。しかし、何事にも使い道があるように、手を動かしたほうがいいこともあります。手を動かすこと、書くことで定着が促されていきます。暗記にしろ企画にしろ、頭だけではなくあなたの身体が暗記して、あなたの身体が企画していると考えたほうがいいでしょう。

❹己を知る

さて、ここまで再三再四、「身体」と繰り返してきました。集中は身体が成すものです。ですから当然、身体と同様に集中のあり方も千差万別です。「集中力」をモノにしたいのなら、自分の身体について知らなければなりません。

私たちの身体は、頭と違ってごまかしがききません。自分の身体には嘘偽りはありえません。

だからまずは、身体を意識しましょう。それは「己を知る」ことです。己の身体を知り、身体に素直になる。

そうすれば、無理なく自然に、集中できるようになるでしょう。集中の持続時間も、集中のスイッチも、集中のための最適環境も、最適解はあなたの身体が持っていますよ。

第9章

ストレスとリラクゼーション

禅的リラクゼーションとストレス管理

ストレス管理に関して、第一歩は、自分が抱えるストレスに気づくことから始まる、ということはこれまで繰り返しお伝えしてきました。

ストレスは目に見えないものです。ストレスが強くかかっている人ほど、「自分は大丈夫です」と言う傾向があります。本当に大丈夫なケースもありますが、往々にして大丈夫ではありません。

睡眠に影響が出ていたり、体調を崩して会社に行けなくなったり、すでにサインが出ていれば私たちはやむなく立ち止まる選択をすることもありますが、その時にはもうストレスで一杯の状態なのです。

社会を生きていく上で、ストレスから離れることはできません。だからこそストレスに気づく力を養いましょう。自分の中のストレスの存在に気づけただけでストレスの軽減になります。

本書を通して伝え続けていますが、まずは「気づく」こと、それだけでもうストレス管理の8割は達成されています。

私が坐禅やマインドフルネスを日常に取り入れることをおすすめしている一番の理由は、自分の身体の状態に「気づける」からです。ぜひ、日常の一部にしていってください。

さて、その上で、あと2割のための、リラクゼーションについて考えていきましょう。

喫茶

禅のリラクゼーションとして、まず誰もがイメージされるのは「お茶」ではないでしょうか。お茶のリラクゼーション効果は、すでに多くの人に認知されているでしょう。

一方で、「喫茶」には「茶道」として一境涯にまで昇華される側面があります。茶道は剣道と同じく、禅宗を起源としています。第1章では、沢庵和尚や勝海舟らに助太刀してもらいながら、「剣禅一如」を指針の一つとしてきましたが、茶道にも同様に「茶禅一如」があります。

さしずめ、剣道は禅的運動部の代表、茶道は禅的文化部の代表といったところでしょうか。「茶禅一如」は、「茶禅一味」「茶禅一致」とも書かれますが、茶道と禅は人間の修養という点において同一であるという意味です。

茶道の大成者は、ご存じ、千利休です。この名の由来が、禅語の「名利共に休す」であることも有名でしょう。利休は「茶禅一如」についてこのように書き残しています。

「小座敷の茶の湯は第一仏法をもって修行得道することなり。水を運び薪を取り、湯を沸かし茶を点てて、仏に供へ人にも施し我も飲み、花を立て香を焚きて、みなみな仏祖の行ひの跡を学ぶなり」

これがお茶と禅の接点です。

「お茶・リラクゼーション」で検索しますと、たいていはお茶を「飲む」効果がフィーチャーされ、お茶の成分がもたらす心身への効能が書かれています。そして、静かで心が安らぐ場所を選んでゆっくりお茶を飲む、なんてアドバイスが添えられているものです。

落ち着けるトレンドのカフェで飲むのはもちろんいいのですが、しかし、これらの場所では、お茶は用意されたもの。あなたは「客」でしかありません。これでは「喫茶」にはなりません。

禅の喫茶の主眼は、「お茶を淹れる」にあるのです。あなたは「主」でもなければいけません。お茶とは、紅茶でもハーブティーでも何でもかまいません。丁寧に、客をもてなすように自分をもてなす心でお茶を淹れていきましょう。

「飲む」よりも先に、「淹れる」という行為の中に、心身をリラックスさせる作用があるのです。

「茶の湯とは、ただ湯を沸かし、茶を点てて、飲むばかりなるものとこそ知れ」

これも千利休の言葉です。「ただ」とは「単純に」ではなく、「無心に」を意味します。湯を沸かす。急須に茶葉をいれる。急須から茶碗に注ぐ。お茶を淹れる動作は実にシンプルです。シンプルだからこそ、この一挙手一投足に一所懸命になるのです。

このように丁寧にお茶を淹れれば、自ずとじっくりとお茶を味わうこともできるでしょう。あなたが自分で、自分のために淹れたお茶に「おいしい！」と言えるかどうか。

まずは今夜、試しにやってみてはいかがですか？「道具がない！」なら、あるもので何とかしましょう。でもさすがに「茶葉がない！」はどうしようもありませんね。茶葉がないなら、せっかくですのでお茶屋さんに行きましょう。ついでに、お茶の淹れ方を聞いてみるのもいいですね。

この時間を取れるかどうかも、あなた次第です。「忙しいから時間がない」は通用しませんよ。

遊戯

「遊戯」は禅では「ゆげ」と読みます。自由自在に振舞うことを意味します。

一般的には「ゆうぎ」と読みますね。「お遊戯」と、遊戯に「お」をつけると思い出されるのが、保育園や幼稚園での子どもたちの姿です。歌ったり踊ったり、追いかけっこをしたり、ブロックで何かを作ったり。

大人にとって、「遊び」は「仕事」以外の時間になるかもしれませんが、子どもたちの一日は、遊びで始まり、一日中遊び、そして遊びで終わります。

こうして子どもたちの心身は、健やかに、たくましく、丈夫になっていきます。

早期教育の名の下に「お勉強」開始がどんどん低年齢化していますが、焦ることはありません。「お勉強」をさせられる子どもたちの意識は、親や先生からの評価や、用意された目的に向けられます。しかし、本来、子どもたちは無心に遊ぶのです。

しばしば禅僧たちも、子どもたちが無心に遊ぶ姿を引き合いに出して「無心」を説きます。誰もが子どもだったのです。誰もが無心に遊んでいたのです。「無心」は「遊戯三昧」とも言い換えられます。「無心」とは、決して、選ばれた人間だけに可能なことではありません。

さて、心身にもこの「遊戯」は通用します。「遊び」がなくなった心身がどうなってしまうか？　見当はつくでしょう。

「遊び」は西洋哲学においても重要概念の一つです。

ドイツ古典主義をゲーテと共に代表する詩人で戯曲家のフリードリヒ・シラーは、「人間は、完全な言葉の意味において人間であるときにのみ遊び、遊んでいるときにのみ完全な人間となる」と考察しています。

フランスの社会学者で哲学者のロジェ・カイヨワは、彼の主著である『遊びと人間』で、「遊び」が成立する要素を分析しました。6つの要素があるのですが、ここでは3つ紹介しましょう。

「自由である」……つまり参加も離脱も、決して強制されてはならない。

「未確定である」……展開や勝敗や結末が決まっていない。

「非生産的である」……遊びによって財産ができることはない。認められる成果もない。

さて、この条件をクリアしようと意識しないままクリアしているのが、子どもたちです。

彼らの遊びは、いつも自由です。その遊びのストーリーは、自由自在に変化していきます。そして、その遊びが評価されることはありません。「なぜ遊ぶのか？」と聞かれれば「遊びたいから」と答えるでしょう。彼らの遊びは、無意味で無目的なのです。これが「無心」「遊戯三昧」です。

なぜ、現代の大人は遊べなくなってしまったのでしょうか？　遊びにまで意味や目的を持ち込もうとしたのが、理由の一つになるのではないでしょうか。

意味や目的にではなく、「遊び」そのものに身をおいてみましょう。きっと、外部の評価や生産性の問題など、気にも留まらないはずです。しかし、「なぜ？」「どうなる？」「どれほど？」「どのように？」などの意識が働いてしまうと、遊戯三昧から遠のいてしまうのです。

「空気の中にいるから、空気を意識しない。歩くときに、足を意識しない」

相田みつをさんの詩の一節です。

空気を吸う時歩く時は、意識せず自然にやっています。どのように呼吸しているのか？　肺は？　心臓は？　血管は？　などと聞かれても、答えられる人はいないでしょうし、そこに意識を向けたら混乱して呼吸が乱れてしまうでしょう。身体はいつでも「無心」です。

臨済宗の開祖、臨済義玄禅師は「心法形無うして十方に通貫す」と『臨済録』で示されました。

心は常に動き続ける形の無いものである。だからいろいろなことに心が応じられるのです。私たちの誰もが、生まれながらに「無心」でいられるのです。

空気の中で空気を意識しない、歩く時に足を意識しない、そして生死の中にいて生死を意識しないのも、無心の働きです。

仕事や勉学において、「なぜ？」「どれほど？」「どのように？」と疑う姿勢は、時に大切です。ですが、「お遊戯」も同じくらい重要なのです。

前者では、目的や効果や結果によってモチベーションを保てますし、あなたは成長させられるでしょう。しかし、後者ではその思考が支障になってしまいます。

どちらも不可欠なはずなのですが、有意味・有効ばかりに偏っていませんか？　もしそうなら、無意味・無目的な「遊び」もしてみませんか？

果たして、仕事の最中にも、自分の心身がリラックスしていることに気づくかもしれませんよ。

運動

「運動」の大切さは、もはや聞き飽きていると思います。医学・脳科学・生理学・身体心理学はいうに及ばず、哲学者たちも「運動」概念を研究し、運動不足に警鐘を鳴らしています。

「運動しよう！」とは、あまりにも当たり前のフレーズですが、集中をテーマにした本書の最後に、敢えて、配置しました。「運動」の根幹をなす、2つの禅的な言葉を紹介しましょう。「身心一如」と「健康」です。

一般的に、「しんしん」は「心身」と書きます。例えば、現代の病を象徴する「心身症」は、身体の疾患の原因に心のストレスの影響が認められるものを指します。

また、「老いてなお心身が元気」のように使われます。漢字構成が示すように、「心身」は「心」を「身体」より先に、優先して、基礎として考えさせるものです。

その際、因果において「心」が「因」になり、「身体」が「果」になります。

これまでの「剣禅一如」や「茶禅一如」と同じように、「身心一如」とは、心と身体がつながっていることをいいますが、なぜ禅では「身」と「心」の順序が逆転しているのでしょう？　その理由は以下の通りです。

自分の心を取り出せる人はいません。ですから、見せることもできません。禅では、身体は「目に見える働き」、心は「目に見えない働き」と説きます。「見えない働き」は確かに大事です。しかし、見えないものを見ようとすることは、無理というもの。

ですからまず、「心」より「身体」へ意識を向けるのです。因果において「身体」を「因」にし、「心」を「果」にするのです。これは方便なのですが、「身心一如」までの筋道として「身心」と表記するのです。

「身体」への意識は「運動」において顕著です。運動すれば、汗もかきますし、体温も息も上がります。発汗によるリフレッシュの効果は、入浴療法でも証明されています。昨今のサウナブームもまさにそうですよね。その意味では、入浴も運動の一つといえるでしょうか。

私にとって日常的な「運動」は、散歩と庭仕事です。田舎に住んでいると、徒歩数分で着くようなコンビニエンスストアなどありません。一番近くのスーパーでも、歩いて15分はかかります。ですから、買い物も、敢えて徒歩で往復します。

仕事の最中でも、仕事外でもいいのです。エスカレーターではなく階段を使う。一駅か二駅は歩く。身体を動かすことは、心の健康にもつながります。

リラクゼーションのために、身体を安静にすることもあるでしょう。しかし、「運動」によっても身体がリラックスしていくことを忘れてはいけません。心に目を向けてしまうと、どうしてもリラックスが、安寧や平安や不動に偏ってしまいます。しかし身体のリラックスに目を向けてみましょう。ある程度の緊張や揺らぎや、身心のバランスに欠かせないことがわかるでしょう。

「身心一如」に続いて「健康」です。

「健康」と禅にどんな関係があるのでしょう?

「健康」という言葉を初めて使用したのが、江戸時代の禅僧、白隠さんなのです。白隠さんが使うようになるまでは、日本でも中国でも別の言葉が使われていました。

「無病」などがその一つです。

私たちにとって、先に意識されるのは「健康」ではなく「病い」なのです。「病い」となって初めて、「病いが無い」ことが意識されるのです。

ですから、白隠さんによって「健康」が生まれる前は、「健康」が意識されることはなかったのです。「非日常」「非常」「異常」になって初めて「日常」「平常」が意識されることと同じですね。

幸せも同じでしょう。「幸せかどうか」なんて脳裏に浮かばない時こそ、私たちは幸せなのです。

ではなぜ白隠さんは、「健康」という言葉を使い出したのでしょうか？　それには、白隠さん自身の非常事態エピソードが関わっています。

20代の後半に、白隠さんが陥った状態は、今なら「うつ病」あるいは、「パニック障害」と診断されるものでした。

「心火逆上・肺金焦枯・雙脚氷雪の底に浸すが如し・両耳渓声の間を行くが如し・心神困倦・水分枯渇」など、不調が克明に記載されています。

「激しい不安のために頭に血が上る。胸がざわざわして落ち着かない。両足とも氷のように冷たい。耳鳴りがやまない。神経が衰弱している。口が渇く」、これらは心身症に顕著な症状です。

さて、白隠さん自身が、「健康を損なった」ために、普段意識しなかった「健康」がふと意識され始めたのでしょう。「当たり前」のことがどれほど大切なのか？　健康もその一つです。そして、この当たり前の健康が、いかに脆く壊れやすいものかも、自身の体験から痛感したのです。こうして「健康」は、私たちの日常に使われるようになりました。

「健康は日常にあり」などと繰り返すこともないでしょうが、最後に敢えて書き留めておきましょう。

「運動、健康を非日常」にしてはいけません。「仕事の合間に運動する」のは、方便でしかありません。仕事中に運動してしまうのです。仕事中にも健康になるのです。仕事の中で工夫するのです。禅語では「動中の工夫」と表現します。これも白隠さん由来の言葉です。

「動中の工夫は静中に勝ること百千億倍す」

静中とは坐禅修行、動中とは坐禅以外の修行を意味しています。「坐禅以外の日常」を「坐禅」と同じように大切にしながら、無病を保っていきましょうね。

おわりに

「そんなに急いでどこ行くの？」

これがスピード違反を取り締まるための交通標語だったことを思い出される人もいるのではないでしょうか？

もともと、「狭い日本」という上五がつきます。この標語、私たちの世代にはとても馴染み深いものですが、それもそのはず、１９７３年に内閣総理大臣賞まで獲得しているのです。


さて、「そんなに急いでどこ行くの？」は、車の運転だけではなく、今やあらゆる領域に適用できるようになりました。


昨日、一昨日の仕事はどうでしたか？

「そんなに急いで」いませんでしたか？

「キャリア」「キャリア」とあおられて事故を起こしそうになっていませんか？

人生にもこの標語は応用できるでしょう。ストレスをどんどん抱え込み続けて先を急いでいたら、いずれ病気になって倒れてしまいます。これでは本末転倒です。

さて、もう一度、聞いてみましょう。

あなたが今、行こうとしているのはどこですか？

そして、そんなに急いでいるのはなぜですか？

「あれ？　どこへ行くんだっけ？」「なんでこんなに急いでいるんだっけ？」と答えにためらったとしたら、今こそチャンスです。

立ち止まりましょう。そして、あなたの身体の声に耳を傾けてください。SOSを出しているかもしれません。ピンチでなくても息が切れているのなら、ペースやサイズをダウンしてみましょう。

本書の最大テーマである「集中」の手がかりが禅とマインドフルネスでした。そして「集中」とは、「意識の集中」を意味します。

マインドフルネスは、「マインド・フルネス」の言葉通り、意識を満たしていくことです。立ち止まって不調を実感したら、マインドフルネス・プログラムに頼ってみましょう。

一方の「禅・集中」すなわち「無心」とは、「意識しないままに意識を自由自在に働かせる」ことでした。ですから、「無心になろう」としている限り、無心にはなれません。「無心」とは行為の先に、行為の目標として見えるものではなく、後から振り返ってみて「そうだった」と気づくものです。

意識や心ではなく、行為そのものと身体に「意識を向け」ましょう。そうすることで、「無心になっていた！」と実感することが多くなってくるでしょう。

いきなり「禅・集中」は、少しハードルが高いかもしれません。なのでまずは、科学を頼りにマインドフルネスを実践し、その後、禅に触れ、禅を仕事や日常に取り入れていくのも大いにありです。

本書では、マインドフルネスを科学の一つ、「意識の集中を手段とした治療プログラム」と定義しました。これには2つの意味があります。

一つは、僧侶以外の一般の人の混乱を整えることです。この定義を踏まえてなお、マインドフルネスのトレーナーが禅や仏教をプログラムの説得力として利用するとしたら、その人は相当に研鑽しているか、間抜けかのどちらかでしょう。

そしてもう一つは、僧侶たちへの問いかけでもあります。マインドフルネスが仏教伝来の教えであるのなら、なぜ、敢えて「マインドフルネス」という言葉を使わなければならないのか？　なぜ他の言葉ではいけないのか？　ここを明らかにしてようやく、言葉は価値を持つのです。ここを曖昧にしたまま流行だけに乗ることは、一般人以上の間抜け具合いを自ら暴露ことになるでしょう。

マインドフルネスについては、ZERO GYM（zerogym.jp）のプログラムディレクターで多くの著書もある松尾伊津香さんにご教授いただきました。本書は彼女の力添えなくしては成立するものではありません。ここで改めてお礼申し上げます。

武道については、穴澤流薙刀の相伝者である吉元恵美さんにご指導いただきました。

私は個人的に、中学時代に弓道をしていましたので、仕事のスタイルを工夫しながら、また武道を再開したいと決意しています。

仏師の加藤巍山さんにもお世話になりました。テレビに出演されて以来、忙しさが尋常ではなくなったようですが、心身健やかに、ますます活躍されるよう祈っています。

和蝋燭の職人である田川広一さんとは、本書だけではなく、日本の伝統文化を海外にも発信する書物や、京都での親子向けの「子ども大学」でもお世話になります。田川さんら職人さんたちを健やかな未来のためのアクションを共にすることができるのは、まさに時代の要請と言えるでしょう。

最後に、この本の完成には知人である禅僧たちの助力が欠かせませんでした。「禅とマインドフルネス」を結びつけることが「逆鱗」になっている和尚もおりまして、私が気安く質問してしまった結果、残念ながら一つのご縁が断絶してしまいました。何歳になっても、人間には省みるところがありますね。とはいえ、他の和尚さんたちは、不躾な数々の質問を寛大にも受け入れてくださいました。この場を借りて、お礼申し上げます。

京都市祇園岡林院　青山公胤和尚
桐生市崇禅寺　岩田真哉和尚
足利市福厳寺　采澤良晃和尚
横浜市磯子区林香寺　川野泰周和尚
賀茂郡松崎町帰一寺　田中道源和尚
調布市源正寺　永井宗明和尚
世田谷区野沢龍雲寺　細川晋輔和尚
伊勢原市能満寺　松本隆行和尚
京都市花園養徳院　横江一徳和尚
相模原市緑区光明寺　渡邉雅光和尚

本書ではご紹介できなかったお話もたくさんあります。割愛せざるを得なかったこと、どうぞご容赦ください。

この本は、企画がスタートしてから誕生するまでに、紆余曲折があり三年以上の歳月を要しました。その間、小早川幸一郎さんは辛抱強く応援してくださいました。本当にありがとうございました。

スイカのシーズンを終えた三浦半島の畑を前にしながら
二〇二三年八月好日
大竹稽

付録：推奨される読書リストとリソース

鈴木大拙著作

- 『禅学入門』講談社学術文庫
- 『一禅者の思索』講談社学術文庫
- 『新版　東洋的な見方』岩波文庫
- 『日本的霊性』岩波文庫
- 『神秘主義　キリスト教と仏教』岩波文庫
- 『禅』ちくま文庫
- 『無心ということ』角川ソフィア文庫
- 『新版　禅とは何か』角川ソフィア文庫

禅思想

- 『東洋的無』久松真一著　講談社学術文庫
- 『臨済録』柳田聖山訳　中公文庫
- 『無門関』西村恵信訳　岩波文庫
- 『十牛図―自己の現象学』上田閑照、柳田聖山著　ちくま学芸文庫
- 『法句教』友松圓諦著　講談社学術文庫
- 『ブッダの真理のことば・感興のことば』中村元訳　岩波文庫
- 『栄西　喫茶養生記』古田紹欽著　講談社学術文庫
- 『正法眼蔵（全8巻）』増谷文雄著　講談社学術文庫
- 『夜船閑話』白隠慧鶴著　禅文化研究所
- 『禅は無の宗教』福島慶道著　春秋社
- 『いま、ここを無心に生きる』福島慶道著　春秋社
- 『法句経のこころ』福島慶道著　春秋社

『禅と日本文化』柳田聖山著　講談社学術文庫
『禅思想―その原型をあらう』柳田聖山著　中公新書
『参禅入門』大森曹玄著　講談社学術文庫
『法華経入門―七つの比喩にこめられた真実』松原泰道著　祥伝社新書
『観音経入門―悩み深き人のために』松原泰道著　祥伝社新書
『子どもを持つ親に読んで欲しい日本昔話で学ぶ心のあり方』大竹稽、横江一徳、石河法寛、小坂興道、朝雲素純、西田英哲、吉田叡禮著　日本橋出版

武道

『弓と禅』オイゲン・ヘリゲル著　魚住孝至訳・解説　角川ソフィア文庫
『沢庵　不動智神妙録』沢庵宗彭著　池田諭訳　タチバナ教養文庫
『不動智神妙録／太阿記／玲瓏集』沢庵宗彭著　市川白弦訳・注　ちくま学芸文庫
『剣禅話』山岡鉄舟著　高野澄訳　タチバナ教養文庫
『氷川清話』勝海舟著　江藤淳、松浦玲編　講談社学術文庫
『海舟語録』勝海舟著　江藤淳、松浦玲編　講談社学術文庫

詩・小説

『シレジウス瞑想詩集（上）』アンゲルス・シレジウス著　植田重雄、加藤智見訳
『シレジウス瞑想詩集（下）』アンゲルス・シレジウス著　植田重雄、加藤智見訳
『病牀六尺』正岡子規著　岩波文庫
『仰臥漫録』正岡子規著　岩波文庫
『門』夏目漱石著　岩波文庫
『草枕』夏目漱石著　岩波文庫
『夢十夜　他二篇』夏目漱石著　岩波文庫
『相田みつを　ザ・ベスト（全6巻）』相田みつを著　角川文庫

『日日是好日―「お茶」が教えてくれた15のしあわせ―』森下典子著　新潮文庫

意識・心理学

『意識（1）』アンリ・エー著　大橋博司訳　みすず書房
『意識（2）』アンリ・エー著　大橋博司訳　みすず書房
『唯脳論』養老孟司著　ちくま学芸文庫
『無思想の発見』養老孟司著　ちくま新書
『バカの壁』養老孟司著　新潮新書
『超バカの壁』養老孟司著　新潮新書
『意識と自己』アントニオ・ダマシオ著　田中三彦訳　講談社学術文庫
『デカルトの誤り―情動、理性、人間の脳』アントニオ・ダマシオ著　田中三彦訳　ちくま学芸文庫
『ダマシオ教授の教養としての「意識」機械が到達できない最後の人間性』アントニオ・ダマシオ著　千葉敏生訳　ダイヤモンド社
『こころの処方箋』河合隼雄著　新潮文庫
『神話と日本人の心』河合隼雄著　河合俊雄編　岩波現代文庫
『河合隼雄の幸福論』河合隼雄著　ＰＨＰ文庫
『無意識の構造』河合隼雄著　中公新書
『コンプレックス』河合隼雄著　岩波新書
『スマホ脳』アンデシュ・ハンセン著　久山葉子訳　新潮新書
『ストレス脳』アンデシュ・ハンセン著　久山葉子訳　新潮新書
『最強脳―『スマホ脳』ハンセン先生の特別授業―』アンデシュ・ハンセン著　久山葉子訳　新潮新書

西洋哲学

『ニコマコス倫理学（上）』アリストテレス著　高田三郎訳　岩波文庫
『ニコマコス倫理学（下）』アリストテレス著　高田三郎訳　岩波文庫
『エセー（1）』ミシェル・ド・モンテーニュ著　荒木昭太郎訳　中公クラシックス

『エセー（2）』ミシェル・ド・モンテーニュ著　荒木昭太郎訳　中公クラシックス
『エセー（3）』ミシェル・ド・モンテーニュ著　荒木昭太郎訳　中公クラシックス
『幸福論』アラン著　神谷幹夫訳　岩波文庫
『遊びと人間』ロジェ・カイヨワ著　多田道太郎、塚崎幹夫訳　講談社学術文庫
『ツァラトゥストラはこう言った（上）』フリードリヒ・ニーチェ著　氷上英廣訳　岩波文庫
『ツァラトゥストラはこう言った（下）』フリードリヒ・ニーチェ著　氷上英廣訳　岩波文庫
『善悪の彼岸』フリードリヒ・ニーチェ著　木場深定訳　岩波文庫
『人間的、あまりに人間的（1）』フリードリヒ・ニーチェ著　池尾健一訳　ちくま学芸文庫
『人間的、あまりに人間的（2）』フリードリヒ・ニーチェ著　中島義生訳　ちくま学芸文庫
『悦ばしき知識』フリードリヒ・ニーチェ著　信太正三訳　ちくま学芸文庫
『存在と時間（上）』マルティン・ハイデッガー著　細谷貞雄訳　ちくま学芸文庫
『存在と時間（下）』マルティン・ハイデッガー著　細谷貞雄訳　ちくま学芸文庫
『内的時間意識の現象学』エトムント・フッサール著　谷徹訳　ちくま学芸文庫
『表徴の帝国』ロラン・バルト著　宗左近訳　ちくま学芸文庫
『空間の日本文化』オギュスタン・ベルク著　宮原信訳　ちくま学芸文庫

中国・日本思想

『荘子　全現代語訳（上）』池田知久著　講談社学術文庫
『荘子　全現代語訳（下）』池田知久著　講談社学術文庫
『荘子　内篇』福永光司著　講談社学術文庫
『荘子（全4巻）』金谷治訳　岩波文庫
『老子・荘子』森三樹三郎著　講談社学術文庫
『老子』蜂屋邦夫訳　岩波文庫
『老子　全訳注』池田知久訳　講談社学術文庫
『菜根譚』洪自誠著　中村璋八、石川力山訳　講談社学術文庫

『方丈記』鴨長明著　市古貞次訳　岩波文庫
『方丈記』鴨長明著　浅見和彦訳　ちくま学芸文庫

マインドフルネス

『マインドフルネスのはじめ方―今この瞬間とあなたの人生を取り戻すために』ジョン・カバットジン著　金剛出版
『瞑想との出会い ―瞑想とやさしさ―』地橋秀雄著　株式会社デン峰出版
『マインドフルネスストレス低減法』ジョン・カバットジン著　北大路書房
『気楽なさとり方』宝彩有菜著　日本教文社
『サーチ・インサイド・ユアセルフ――仕事と人生を飛躍させるグーグルのマインドフルネス実践法』チャディー・メン・タン、ダニエル・ゴールマン著　英治出版
『自信がなくても行動すれば自信はあとからついてくる――マインドフルネスと心理療法ACTで人生が変わる』ラス・ハリス著　筑摩書房
『思考を整え集中力を高める練習 世界のエリートがやっている「マインドフルネス」の秘密』小西喜朗著　方丈社
『1日10分で自分を浄化する方法～マインドフルネス瞑想入門』吉田昌生著　WAVE出版
『「キラーストレス」から心と体を守る！ マインドフルネス&コーピング実践CDブック』熊野宏昭、伊藤絵美監修　主婦と生活社
『マインドフルネスの教科書 この1冊ですべてがわかる！』藤井英雄著　Clover出版
『スタンフォード大学 マインドフルネス教室』スティーヴン・マーフィ重松著　講談社
『スタンフォードの心理学授業 ハートフルネス』スティーヴン・マーフィ重松著　大和書房
『マインドフルネス認知療法』ジンデル・シーガル、ジョン・ティーズデール、マーク・ウィリアムズ著　北大路書房
『マインドフルネス 基礎と実践』貝谷久宣、熊野宏昭、越川房子編著　日本評論社
『呼吸による癒し 実践ヴィパッサナー瞑想』ラリー・ローゼンバーグ著　春秋社
『自由への旅「マインドフルネス瞑想」実践講義』ウ・ジョーティカ著　新潮社

その他

『常用字解』白川静著　平凡社

[著者略歴]

大竹稽（おおたけ・けい）

1970年生まれ、愛知県立旭丘高校出身。東京大学大学院総合文化研究科博士課程中退。幼少期より愛読している本は『ファーブル昆虫記』。得意な運動である水泳や相撲でコーチがついたことはなく、実地訓練が基本。海や山や川が集中の母であり、集中の先生だった。勉強に関しても独学が基本。中学高校の授業中は、睡眠や読書（漫画）に充てられていた。集中に関するバックボーンは、アランやモンテーニュらモラリストや、カミュやサルトルら実存の哲学者たちから受け継いでいる。2015年に東京港区三田龍源寺で「てらてつ（お寺で哲学する）」を開始し、この教室は全国のお寺に広がっている。他に、「禅的・子ども大学」活動を京都のお寺と共催している。著書に『現代の不安を生きる』『ツッコミ！日本むかし話』『哲学者に学ぶ 問題解決のための視点のカタログ』『60分でわかるカミュのペスト』など。編訳書に『超訳モンテーニュ』『賢者の智慧の書』など。

ZEN、集中《しゅうちゅう》、マインドフルネス

2023年11月1日　初版発行

著　者　大竹稽

発行者　小早川幸一郎

発　行　株式会社クロスメディア・パブリッシング
〒151-0051 東京都渋谷区千駄ヶ谷4-20-3 東栄神宮外苑ビル
https://www.cm-publishing.co.jp
◎本の内容に関するお問い合わせ先：TEL（03）5413-3140／FAX（03）5413-3141

発　売　株式会社インプレス
〒101-0051 東京都千代田区神田神保町一丁目105番地
◎乱丁本・落丁本などのお問い合わせ先：FAX（03）6837-5023
service@impress.co.jp
※古書店で購入されたものについてはお取り替えできません

印刷・製本　中央精版印刷株式会社

　ISBN978-4-295-40844-4　C2034